TIGER-TRAINER

3

Autoren:

Matthias Heidenreich,
Martina Kinkel-Craciunescu, Tamara Kropf,
Thomas Laubis und Eva Schnitzer

Bestell-Nr. 3505-66 · ISBN 978-3-619-35566-2
© 2012 Mildenberger Verlag GmbH, 77610 Offenburg
www.mildenberger-verlag.de · E-Mail: info@mildenberger-verlag.de

Auflage   8   7   6   5
Jahr   2021   2020   2019   2018

Bezugsmöglichkeiten: Alle Titel des Mildenberger Verlags erhalten Sie unter: www.mildenberger-verlag.de oder im Buchhandel. Jede Buchhandlung kann alle Titel direkt über den Mildenberger Verlag beziehen. Ausnahmen kann es bei Titeln mit Lösungen geben. Hinweise hierzu finden Sie in unserem aktuellen Gesamtprogramm.

Redaktion: Bettina Eckert · Grafik: Mildenberger Verlag GmbH
Layout und Illustrationen: Judith Heusch, 79362 Forchheim
S. 15, 28, 41, 54, 63, 91, 97: © Mauritius GmbH, 82481 Mittenwald
S. 77, 97: © F1 Online Digitale Bildagentur, 60314 Frankfurt
Druck: Scharer Druck & Medien, 76456 Kuppenheim
Gedruckt auf umweltfreundlichen Papieren

①

0 · 3 =   0

1 · 3 =   3

2 · 3 = _____

_____ · 3 = _____

_____ · 3 = _____

_____ · 3 = _____

_____ · 3 = _____

_____ · 3 = _____

_____ · 3 = _____

_____ · 3 = _____

_____ · 3 = _____

②

4 · 3 = 12

_____ · 3 = 18

_____ · 3 = 9

_____ · 3 = 21

_____ · 3 = 3

_____ · 3 = 15

_____ · 3 = 27

_____ · 3 = 0

_____ · 3 = 6

_____ · 3 = 24

_____ · 3 = 30

③

27 : 3 = _____

12 : 3 = _____

24 : 3 = _____

6 : 3 = _____

30 : 3 = _____

18 : 3 = _____

9 : 3 = _____

21 : 3 = _____

3 : 3 = _____

15 : 3 = _____

0 : 3 = _____

④ Kleine und große Aufgaben

2 + 7 = _____   8 − 3 = _____

22 + 7 = _____   28 − 3 = _____

52 + 7 = _____   58 − 3 = _____

4 + 3 = _____   7 − 5 = _____

34 + 3 = _____   37 − 5 = _____

84 + 3 = _____   87 − 5 = _____

3 + 6 = _____   9 − 8 = _____

43 + 6 = _____   49 − 8 = _____

73 + 6 = _____   79 − 8 = _____

Verdoppelungsaufgaben

⑤ 5 · 3 = 15   4 · 5 = _____   3 · 7 = _____   2 · 8 = _____   1 · 9 = _____   4 · 7 = _____

10 · 3 = _____   8 · 5 = _____   _____   _____   _____   _____

⑥ 3 · 9 = _____   5 · 6 = _____   2 · 10 = _____   4 · 9 = _____   6 · 3 = _____   2 · 6 = _____

_____   _____   _____   _____   _____   _____

①

$0 \cdot 5 = 0$

$1 \cdot 5 = 5$

$2 \cdot 5 = \underline{\quad}$

$\underline{\quad} \cdot 5 = \underline{\quad}$

$\underline{\quad} \cdot 5 = \underline{\quad}$

$\underline{\quad} \cdot 5 = \underline{\quad}$

$\underline{\quad} \cdot 5 = \underline{\quad}$

$\underline{\quad} \cdot 5 = \underline{\quad}$

$\underline{\quad} \cdot 5 = \underline{\quad}$

$\underline{\quad} \cdot 5 = \underline{\quad}$

②

$5 \cdot 5 = 25$

$\underline{\quad} \cdot 5 = 10$

$\underline{\quad} \cdot 5 = 40$

$\underline{\quad} \cdot 5 = 5$

$\underline{\quad} \cdot 5 = 20$

$\underline{\quad} \cdot 5 = 35$

$\underline{\quad} \cdot 5 = 0$

$\underline{\quad} \cdot 5 = 45$

$\underline{\quad} \cdot 5 = 30$

$\underline{\quad} \cdot 5 = 15$

$\underline{\quad} \cdot 5 = 50$

③

$30 : 5 = \underline{\quad}$

$15 : 5 = \underline{\quad}$

$40 : 5 = \underline{\quad}$

$25 : 5 = \underline{\quad}$

$0 : 5 = \underline{\quad}$

$35 : 5 = \underline{\quad}$

$20 : 5 = \underline{\quad}$

$45 : 5 = \underline{\quad}$

$50 : 5 = \underline{\quad}$

$5 : 5 = \underline{\quad}$

$10 : 5 = \underline{\quad}$

④ Kleine und große Aufgaben

$4 + 5 = \underline{\quad}$ $6 - 4 = \underline{\quad}$

$4 + 25 = \underline{\quad}$ $26 - 4 = \underline{\quad}$

$4 + 45 = \underline{\quad}$ $46 - 4 = \underline{\quad}$

$8 + 3 = \underline{\quad}$ $15 - 6 = \underline{\quad}$

$8 + 13 = \underline{\quad}$ $25 - 6 = \underline{\quad}$

$8 + 23 = \underline{\quad}$ $35 - 6 = \underline{\quad}$

$2 + 7 = \underline{\quad}$ $9 - 3 = \underline{\quad}$

$32 + 7 = \underline{\quad}$ $39 - 3 = \underline{\quad}$

$52 + 7 = \underline{\quad}$ $59 - 3 = \underline{\quad}$

Löse mithilfe der Umkehraufgabe.

⑤ $\underline{\quad} \cdot 3 = 24$ $\underline{\quad} \cdot 8 = 32$ $\underline{\quad} \cdot 9 = 27$ $\underline{\quad} \cdot 5 = 35$ $\underline{\quad} \cdot 7 = 49$ $\underline{\quad} \cdot 4 = 28$

$24 : 3 = \underline{\quad}$ $32 : 8 = \underline{\quad}$ $27 : 9 = \underline{\quad}$ $\underline{\qquad\qquad}$ $\underline{\qquad\qquad}$ $\underline{\qquad\qquad}$

⑥ $\underline{\quad} \cdot 6 = 42$ $\underline{\quad} \cdot 2 = 18$ $\underline{\quad} \cdot 7 = 56$ $\underline{\quad} \cdot 4 = 24$ $\underline{\quad} \cdot 8 = 48$ $\underline{\quad} \cdot 9 = 72$

$42 : 6 = \underline{\quad}$ $\underline{\qquad\qquad}$ $\underline{\qquad\qquad}$ $\underline{\qquad\qquad}$ $\underline{\qquad\qquad}$ $\underline{\qquad\qquad}$

①   0 · 8 =   0
     1 · 8 =   8
     2 · 8 = _____
     ____ · 8 = _____
     ____ · 8 = _____
     ____ · 8 = _____
     ____ · 8 = _____
     ____ · 8 = _____
     ____ · 8 = _____
     ____ · 8 = _____

②   3 · 8 = 24
     ____ · 8 = 48
     ____ · 8 = 16
     ____ · 8 = 72
     ____ · 8 =   8
     ____ · 8 = 32
     ____ · 8 = 56
     ____ · 8 = 40
     ____ · 8 = 80
     ____ · 8 = 64
     ____ · 8 =   0

③   32 : 8 = _____
     8 : 8 = _____
     64 : 8 = _____
     16 : 8 = _____
     56 : 8 = _____
     0 : 8 = _____
     80 : 8 = _____
     48 : 8 = _____
     24 : 8 = _____
     72 : 8 = _____
     40 : 8 = _____

④ Kleine und große Aufgaben

6 + 10 = _____   17 − 10 = _____
16 + 10 = _____   27 − 10 = _____
26 + 10 = _____   37 − 10 = _____
36 + 10 = _____   47 − 10 = _____
36 + 14 = _____   47 − 17 = _____

23 − 20 = _____   14 + 20 = _____
43 − 20 = _____   34 + 20 = _____
63 − 20 = _____   54 + 20 = _____
83 − 20 = _____   74 + 20 = _____
83 − 23 = _____   74 + 26 = _____

⑤
18 : 9 = _____
81 : 9 = _____
36 : 9 = _____
54 : 9 = _____

⑥
21 : 7 = _____
42 : 7 = _____
7 : 7 = _____
63 : 7 = _____

⑦
12 : 4 = _____
40 : 4 = _____
20 : 4 = _____
28 : 4 = _____

⑧
32 : 8 = _____
64 : 8 = _____
48 : 8 = _____
56 : 8 = _____

⑨
20 : 5 = _____
25 : 5 = _____
10 : 5 = _____
40 : 5 = _____

⑩
30 : 6 = _____
12 : 6 = _____
24 : 6 = _____
42 : 6 = _____

① 0 · 4 = 0
1 · 4 = 4
2 · 4 = _____
_____ · 4 = _____
_____ · 4 = _____
_____ · 4 = _____
_____ · 4 = _____
_____ · 4 = _____
_____ · 4 = _____
_____ · 4 = _____
_____ · 4 = _____

② 7 · 4 = 28
_____ · 4 = 0
_____ · 4 = 32
_____ · 4 = 12
_____ · 4 = 20
_____ · 4 = 4
_____ · 4 = 36
_____ · 4 = 24
_____ · 4 = 8
_____ · 4 = 40
_____ · 4 = 16

③ 24 : 4 = _____
16 : 4 = _____
8 : 4 = _____
40 : 4 = _____
32 : 4 = _____
20 : 4 = _____
12 : 4 = _____
36 : 4 = _____
28 : 4 = _____
0 : 4 = _____
4 : 4 = _____

④ Kleine und große Aufgaben

8 + 7 = _____   12 − 5 = _____
28 + 7 = _____   22 − 5 = _____
58 + 7 = _____   52 − 5 = _____

9 + 3 = _____   13 − 5 = _____
39 + 3 = _____   33 − 5 = _____
89 + 3 = _____   83 − 5 = _____

7 + 6 = _____   14 − 8 = _____
47 + 6 = _____   44 − 8 = _____
77 + 6 = _____   74 − 8 = _____

⑤
56 : 7 = ___   K: ___ · 7 = 56
28 : 7 = ___   K: _____________
35 : 7 = ___   K: _____________
14 : 7 = ___   K: _____________

⑥
25 : 4 = ___ R ___   K: 6 · 4 = 24   24 + 1 = 25
30 : 4 = ___ R ___   K: _____________
14 : 4 = ___ R ___   K: _____________
39 : 4 = ___ R ___   K: _____________

① 0 · 9 =   0
1 · 9 =   9
2 · 9 = _____
_____ · 9 = _____
_____ · 9 = _____
_____ · 9 = _____
_____ · 9 = _____
_____ · 9 = _____
_____ · 9 = _____
_____ · 9 = _____

② 18 = _____ · 9
36 = _____ · 9
54 = _____ · 9
9 = _____ · 9
72 = _____ · 9
27 = _____ · 9
45 = _____ · 9
81 = _____ · 9
0 = _____ · 9
90 = _____ · 9
63 = _____ · 9

③ _____ · 9 = 54
_____ · 9 = 90
_____ · 9 = 45
_____ · 9 = 63
_____ · 9 = 18
_____ · 9 = 81
_____ · 9 = 36
_____ · 9 = 9
_____ · 9 = 27
_____ · 9 = 0
_____ · 9 = 72

④ Kleine und große Aufgaben

6 + 7 = _____   13 − 8 = _____
26 + 7 = _____   23 − 8 = _____
56 + 7 = _____   53 − 8 = _____

8 + 6 = _____   12 − 9 = _____
38 + 6 = _____   32 − 9 = _____
88 + 6 = _____   82 − 9 = _____

4 + 8 = _____   11 − 7 = _____
44 + 8 = _____   41 − 7 = _____
74 + 8 = _____   71 − 7 = _____

⑤ 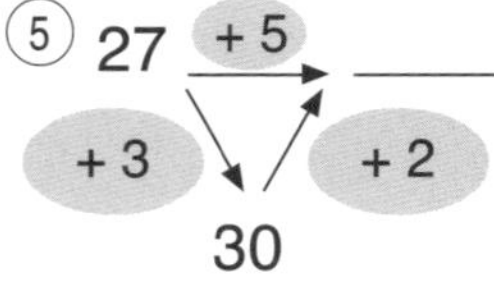

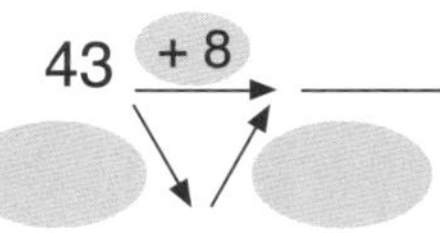

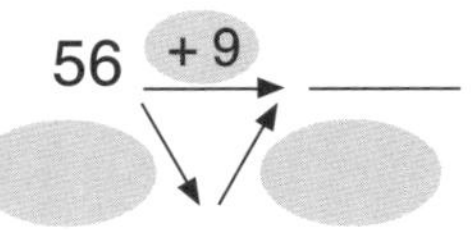

⑥ 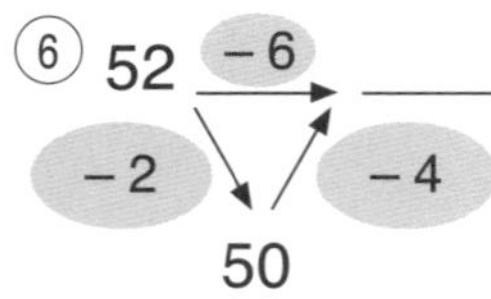

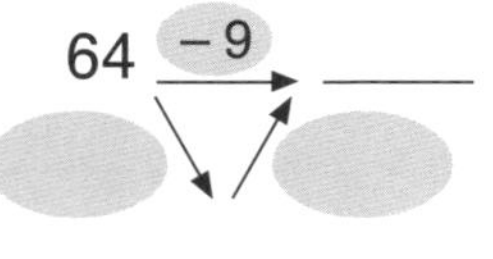

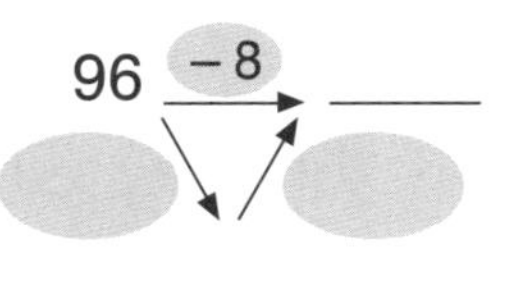

①

0 · 6 = 0
1 · 6 = 6
2 · 6 = _____
____ · 6 = _____
____ · 6 = _____
____ · 6 = _____
____ · 6 = _____
____ · 6 = _____
____ · 6 = _____
____ · 6 = _____
____ · 6 = _____

②

4 · 6 = 24
____ · 6 = 48
____ · 6 = 12
____ · 6 = 30
____ · 6 = 6
____ · 6 = 18
____ · 6 = 36
____ · 6 = 42
____ · 6 = 60
____ · 6 = 54
____ · 6 = 0

③

42 : 6 = _____
24 : 6 = _____
54 : 6 = _____
 6 : 6 = _____
60 : 6 = _____
36 : 6 = _____
 0 : 6 = _____
12 : 6 = _____
30 : 6 = _____
18 : 6 = _____
48 : 6 = _____

④

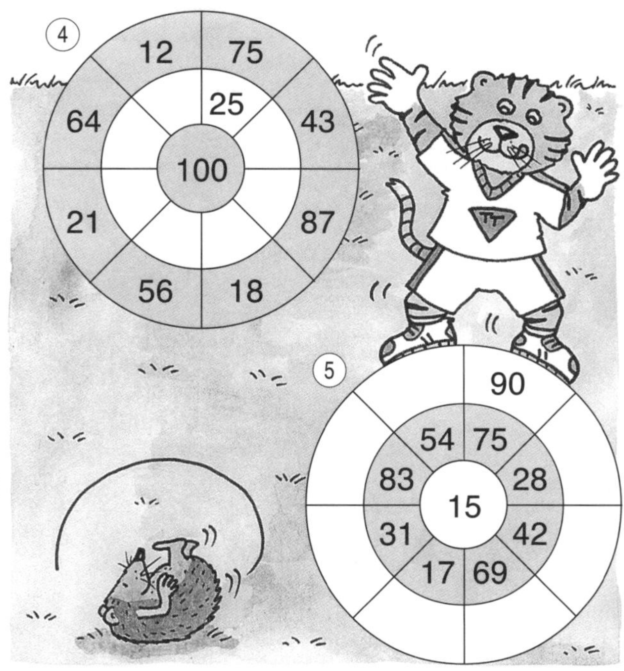

⑤

⑥

·	3	5	8	4
2				
7				
9				

⑦

58 : 8 = ___ R ___   K: 7 · 8 = _______________
34 : 4 = ___ R ___   K: _______________
20 : 3 = ___ R ___   K: _______________
77 : 10 = ___ R ___   K: _______________

①
$0 \cdot 7 = \quad 0$
$1 \cdot 7 = \quad 7$
$2 \cdot 7 = \underline{\quad}$
$\underline{\quad} \cdot 7 = \underline{\quad}$
$\underline{\quad} \cdot 7 = \underline{\quad}$
$\underline{\quad} \cdot 7 = \underline{\quad}$
$\underline{\quad} \cdot 7 = \underline{\quad}$
$\underline{\quad} \cdot 7 = \underline{\quad}$
$\underline{\quad} \cdot 7 = \underline{\quad}$
$\underline{\quad} \cdot 7 = \underline{\quad}$
$\underline{\quad} \cdot 7 = \underline{\quad}$

②
$14 = \underline{\quad} \cdot 7$
$35 = \underline{\quad} \cdot 7$
$56 = \underline{\quad} \cdot 7$
$7 = \underline{\quad} \cdot 7$
$49 = \underline{\quad} \cdot 7$
$28 = \underline{\quad} \cdot 7$
$42 = \underline{\quad} \cdot 7$
$21 = \underline{\quad} \cdot 7$
$0 = \underline{\quad} \cdot 7$
$70 = \underline{\quad} \cdot 7$
$63 = \underline{\quad} \cdot 7$

③
$\underline{\quad} \cdot 7 = 56$
$\underline{\quad} \cdot 7 = 70$
$\underline{\quad} \cdot 7 = 35$
$\underline{\quad} \cdot 7 = 63$
$\underline{\quad} \cdot 7 = 14$
$\underline{\quad} \cdot 7 = 21$
$\underline{\quad} \cdot 7 = 49$
$\underline{\quad} \cdot 7 = 7$
$\underline{\quad} \cdot 7 = 28$
$\underline{\quad} \cdot 7 = 0$
$\underline{\quad} \cdot 7 = 42$

④ Rechne geschickt im Kopf.
$42 + 8 + 16 = \underline{\quad}$
$27 + 4 + 36 = \underline{\quad}$
$9 + 37 + 11 = \underline{\quad}$
$45 + 38 + 5 = \underline{\quad}$
$63 + 24 + 17 = \underline{\quad}$

$43 - 29 - 3 = \underline{\quad}$
$62 - 13 - 2 = \underline{\quad}$
$57 - 15 - 7 = \underline{\quad}$
$25 - 5 - 8 = \underline{\quad}$
$76 - 27 - 6 = \underline{\quad}$

⑤

+	18	24	17
4			
40			
7			
70			

⑥

−	8	18	6
52			
50			
93			
90			

①
$0 \cdot 2 = \quad 0$
$1 \cdot 2 = \quad 2$
$2 \cdot 2 = \underline{\quad}$
$\underline{\quad} \cdot 2 = \underline{\quad}$
$\underline{\quad} \cdot 2 = \underline{\quad}$
$\underline{\quad} \cdot 2 = \underline{\quad}$
$\underline{\quad} \cdot 2 = \underline{\quad}$
$\underline{\quad} \cdot 2 = \underline{\quad}$
$\underline{\quad} \cdot 2 = \underline{\quad}$
$\underline{\quad} \cdot 2 = \underline{\quad}$
$\underline{\quad} \cdot 2 = \underline{\quad}$

②
$0 \cdot 10 = \quad 0$
$1 \cdot 10 = 10$
$2 \cdot 10 = \underline{\quad}$
$\underline{\quad} \cdot 10 = \underline{\quad}$
$\underline{\quad} \cdot 10 = \underline{\quad}$
$\underline{\quad} \cdot 10 = \underline{\quad}$
$\underline{\quad} \cdot 10 = \underline{\quad}$
$\underline{\quad} \cdot 10 = \underline{\quad}$
$\underline{\quad} \cdot 10 = \underline{\quad}$
$\underline{\quad} \cdot 10 = \underline{\quad}$
$\underline{\quad} \cdot 10 = \underline{\quad}$

③
$14 = \underline{\quad} \cdot 2$
$18 = \underline{\quad} \cdot 2$
$\underline{\quad} = 5 \cdot 2$
$\underline{\quad} = 3 \cdot 2$
$20 = \underline{\quad} \cdot 2$
$4 = \underline{\quad} \cdot 2$
$\underline{\quad} = 1 \cdot 2$
$\underline{\quad} = 8 \cdot 2$
$0 = \underline{\quad} \cdot 2$
$8 = \underline{\quad} \cdot 2$
$\underline{\quad} = 6 \cdot 2$

④
$40 = \underline{\quad} \cdot 10$
$70 = \underline{\quad} \cdot 10$
$\underline{\quad} = 2 \cdot 10$
$\underline{\quad} = 8 \cdot 10$
$50 = \underline{\quad} \cdot 10$
$0 = \underline{\quad} \cdot 10$
$\underline{\quad} = 10 \cdot 10$
$\underline{\quad} = 1 \cdot 10$
$60 = \underline{\quad} \cdot 10$
$\underline{\quad} = 3 \cdot 10$
$\underline{\quad} = 9 \cdot 10$

⑤
$48 + 5 = \underline{\quad}$
$48 + 15 = \underline{\quad}$

⑥
$67 + 4 = \underline{\quad}$
$67 + 14 = \underline{\quad}$

⑦
$19 + 8 = \underline{\quad}$
$19 + 18 = \underline{\quad}$

⑧
$36 + 7 = \underline{\quad}$
$36 + 17 = \underline{\quad}$

⑨
$5 + 6 = \underline{\quad}$
$5 + 16 = \underline{\quad}$

⑩
$72 - 6 = \underline{\quad}$
$72 - 16 = \underline{\quad}$

⑪
$94 - 8 = \underline{\quad}$
$94 - 18 = \underline{\quad}$

⑫
$83 - 4 = \underline{\quad}$
$83 - 14 = \underline{\quad}$

⑬
$61 - 7 = \underline{\quad}$
$61 - 17 = \underline{\quad}$

⑭
$100 - 9 = \underline{\quad}$
$100 - 19 = \underline{\quad}$

1

25 : 4 = ___ R ___   K: 6 · 4 = _______________________

38 : 5 = ___ R ___   K: _______________________

46 : 6 = ___ R ___   K: _______________________

54 : 7 = ___ R ___   K: _______________________

70 : 8 = ___ R ___   K: _______________________

2

· 5   : 2   · 4   : 8   · 5

[ ] [ ] [ ] [ ] [ ] [25]

Setze ein: >, <, =.

3

4 · 4 ◯ 4 · 7

8 · 7 ◯ 6 · 9

3 · 6 ◯ 9 · 2

4

28 : 4 ◯ 35 : 5

64 : 8 ◯ 24 : 4

42 : 7 ◯ 27 : 3

5

4 · 3 ◯ 72 : 8

3 · 2 ◯ 54 : 9

48 : 8 ◯ 7 · 2

6

37 + 48 = _______

____

____

54 + 29 = _______

____

____

26 + 65 = _______

____

____

83 − 65 = _______

____

____

91 − 56 = _______

____

____

74 − 37 = _______

____

____

①

3 · 8 = _____
7 · 8 = _____
6 · 5 = _____
4 · 7 = _____
7 · 7 = _____
5 · 3 = _____
2 · 9 = _____
8 · 4 = _____
0 · 4 = _____
9 · 6 = _____

②

36 : 6 = _____
24 : 6 = _____
63 : 9 = _____
27 : 9 = _____
18 : 3 = _____
42 : 7 = _____
35 : 5 = _____
25 : 5 = _____
64 : 8 = _____
48 : 8 = _____

③

44 : 6 = _____ R _____   K: _____ · 6 = _____   _____ + _____ = _____
62 : 7 = _____ R _____   K: _____ · 7 = _____   _____ + _____ = _____
29 : 5 = _____ R _____   K: _____ · 5 = _____   _____ + _____ = _____
71 : 8 = _____ R _____   K: _____ · 8 = _____   _____ + _____ = _____

④

5 + 7 = _____   7 + 8 = _____   3 + 9 = _____
15 + 7 = _____   27 + 8 = _____   3 + 19 = _____
85 + 7 = _____   77 + 8 = _____   3 + 69 = _____

⑤

14 − 6 = _____   11 − 7 = _____   92 − 8 = _____
24 − 6 = _____   31 − 7 = _____   92 − 18 = _____
64 − 6 = _____   71 − 7 = _____   92 − 88 = _____

⑥

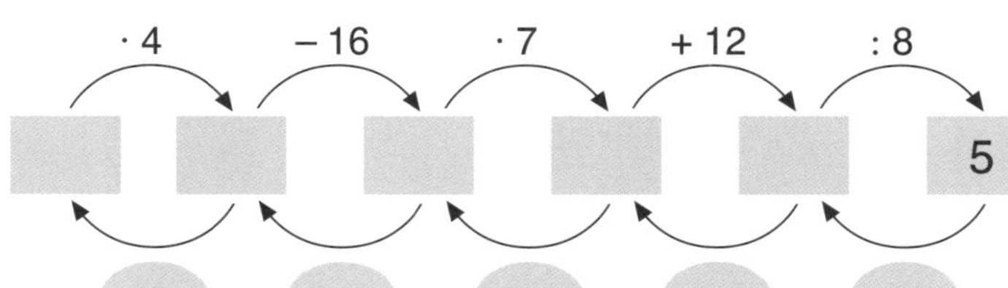

1

•	3	8	5	9
6				
4				
7				
2				
10				

2
___ · 3 = 21
___ · 5 = 40
___ · 7 = 35
___ · 4 = 28
___ · 6 = 48
___ · 9 = 81

3
4 · ___ = 36
6 · ___ = 24
8 · ___ = 32
3 · ___ = 18
7 · ___ = 49
9 · ___ = 45

4
54 = ___ · 6
56 = ___ · 8
72 = ___ · 9
63 = ___ · 7
12 = ___ · 4
27 = ___ · 3

5
16 − 9 = _____
26 − 9 = _____
36 − 9 = _____
46 − 9 = _____
56 − 9 = _____
66 − 9 = _____
76 − 9 = _____

____

6
17 − 8 = _____
27 − 18 = _____
37 − 28 = _____
47 − 38 = _____
57 − 48 = _____
67 − 58 = _____
77 − 68 = _____

____

7
54 − ___ = 46
78 − ___ = 69
91 − ___ = 89
37 − ___ = 27
63 − ___ = 58
79 − ___ = 76
11 − ___ = 11

① Rechne auch die Kontrolle.

$18 : 9 =$ _______ K: ___ $\cdot 9 = 18$

$20 : 9 =$ _______ K: _______________________

$36 : 9 =$ _______ K: _______________________

$40 : 9 =$ _______ K: _______________________

$81 : 9 =$ _______ K: _______________________

$86 : 9 =$ _______ K: _______________________

② Finde zu der Kontrolle die Aufgabe.

$6 \cdot 7 = 42$ $42 + 2 = 44$ $44 : 7 =$ ___ R___

$4 \cdot 7 = 28$ $28 + 3 = 31$ _______________

$9 \cdot 6 = 54$ $54 + 5 = 59$ _______________

$5 \cdot 6 = 30$ $30 + 4 = 34$ _______________

$3 \cdot 8 = 24$ $24 + 1 = 25$ _______________

$7 \cdot 8 = 56$ $56 + 6 = 62$ _______________

③

$6 + 9 =$ _____

$16 + 9 =$ _____

$36 + 9 =$ _____

$56 + 9 =$ _____

$76 + 9 =$ _____

$76 + 19 =$ _____

$76 + 20 =$ _____

④

$7 + 8 =$ _____

$17 + 8 =$ _____

$17 + 18 =$ _____

$27 + 8 =$ _____

$27 + 18 =$ _____

$37 + 8 =$ _____

$37 + 28 =$ _____

⑤

$41 = 34 +$ ___

$67 = 58 +$ ___

$84 = 76 +$ ___

$25 = 17 +$ ___

$51 = 43 +$ ___

$76 = 69 +$ ___

$32 = 28 +$ ___

⑥

___ $+ 48 = 53$

___ $+ 29 = 36$

___ $+ 84 = 91$

___ $+ 57 = 62$

___ $+ 36 = 44$

___ $+ 65 = 75$

___ $+ 72 = 81$

Kontrolliere mit der Tauschaufgabe.

Kontrolliere mit der Umkehraufgabe.

① 24 + 56 = _____

56 + _____ = _____

② 8 · 7 = _____

7 · 8 = _____

③ 94 − 31 = _____

_____ + 31 = 94

④ 48 : 6 = _____

_____ · 6 = _____

31 + 49 = _____

____

9 · 5 = _____

____

86 − 25 = _____

____

63 : 9 = _____

____

72 + 28 = _____

____

3 · 6 = _____

____

72 − 53 = _____

____

32 : 4 = _____

____

⑤
| 96 | 40 | 85 | 30 |

⑥
| 88 | | 99 |
| 44 | | 33 |

⑦
| 97 |
| 66 |
| 44 |
| 20 |

Finde den Lösungssatz.

A	B	D	E	G	H	I	L	N	O	R	S	T	U
18	36	54	30	49	64	32	45	42	56	24	48	60	21

① 9 · 6 = _____

② 6 · 3 = _____

③ 8 · 6 = _____

④ 4 · 9 = _____

⑤ 3 · 8 = _____

⑥ 2 · 9 = _____

⑦ 6 · 7 = _____

⑧ 6 · 9 = _____

⑨ _____ : 5 = 6

⑩ _____ : 6 = 7

⑪ _____ : 4 = 9

⑫ _____ : 7 = 3

⑬ _____ : 4 = 6

⑭ _____ : 7 = 7

⑮ _____ : 2 = 15

⑯ _____ : 3 = 8

⑰ 27 + 33 = _____

⑱ 28 + 28 = _____

⑲ 11 + 13 = _____

⑳ 23 + 25 = _____

㉑ 31 + 29 = _____

㉒ 16 + 14 = _____

㉓ 49 + 15 = _____

㉔ 25 + 35 = _____

㉕ 94 − 62 = _____

㉖ 83 − 41 = _____

㉗ 74 − 38 = _____

㉘ 69 − 39 = _____

㉙ 43 − 19 = _____

㉚ 81 − 36 = _____

㉛ 97 − 65 = _____

㉜ 68 − 26 = _____

1	2	3		4	5	6	7	8	9	10	11	12	13	14	15	16

17	18	19		20	21	22	23	24		25	26		27	28	29	30	31	32
																		.

Welche Zahlen sind dargestellt?

①  = _______

②  = _______

③  = _______

④  = _______

⑤ **Wie heißen die Zahlen?**

2 H 4 Z 3 E = _______

5 H 7 Z 4 E = _______

8 H 9 E = _______

7 H 4 Z = _______

6 Z 1 E = _______

⑥ **Verbinde.**

5 E 3 H 4 Z	2 Z 1 H 4 E	6 H 2 E	6 Z 3 H 4 E	1 E 2 Z 4 H

602	345	124	421	364

⑦ **Ergänze.**

H	Z	E
5	2	7
	5	8

= 5 H + 2 Z + 7 E = 500 + 20 + 7 = 527

= 8 H + 4 Z + 3 E = _______ = _______

= _______ = 600 + 50 + 4 = _______

= _______ = _______ = _______

= _______ = _______ = 309

1 Ich sehe

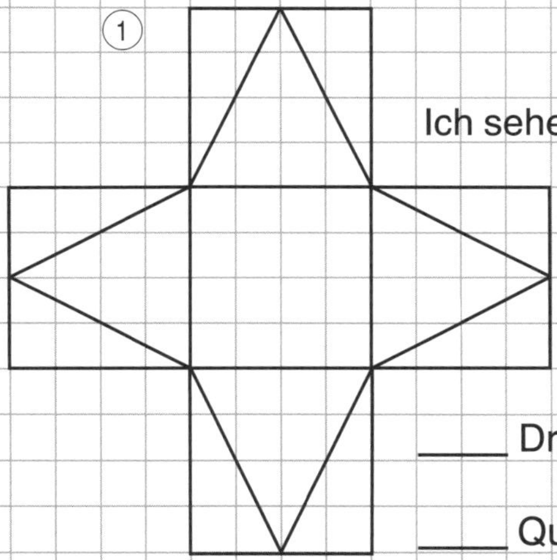

____ Dreiecke,

____ Quadrate,

____ Rechtecke.

2 Ich sehe

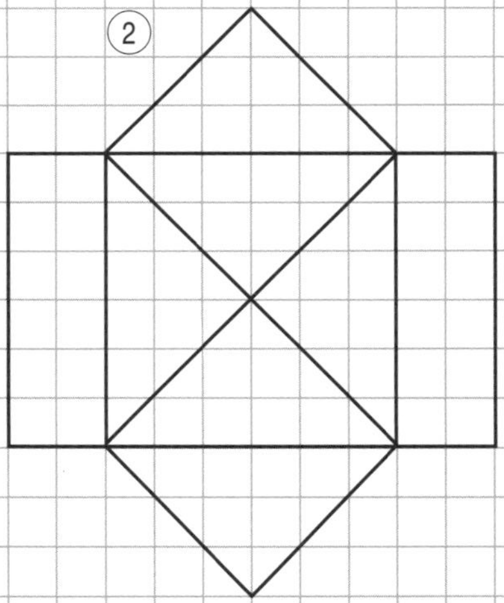

____ Dreiecke,

____ Quadrate,

____ Rechtecke.

3

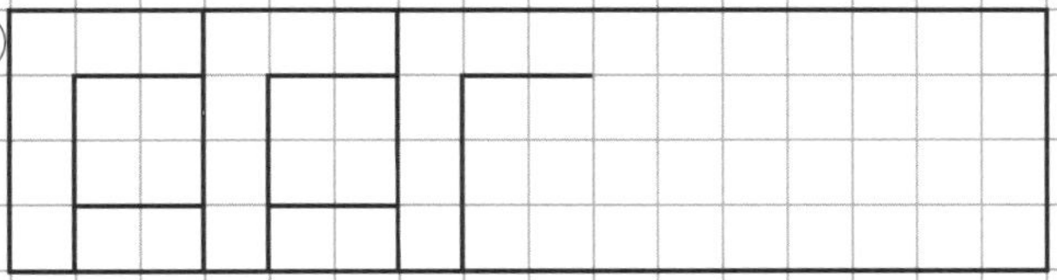

4

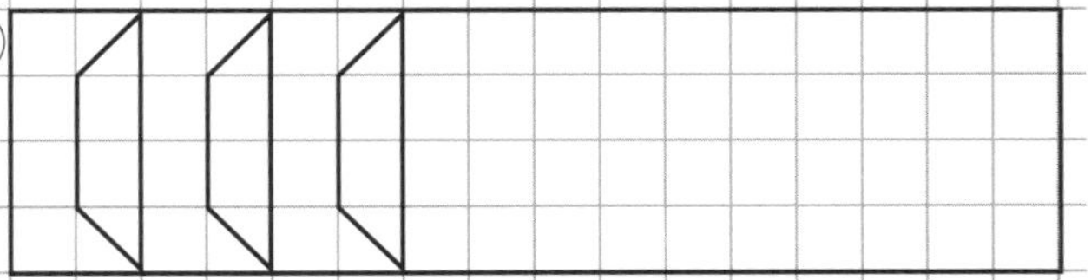

5

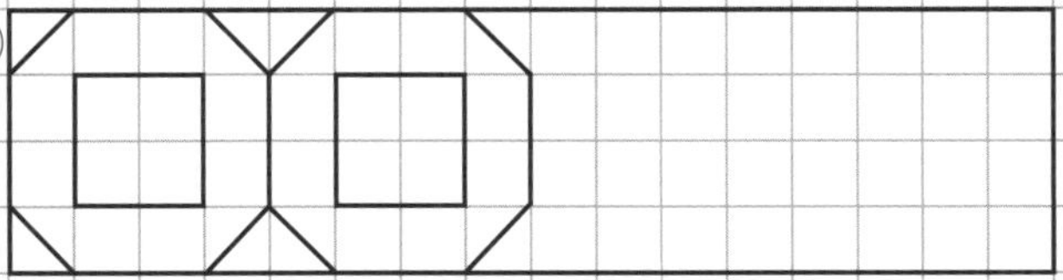

6

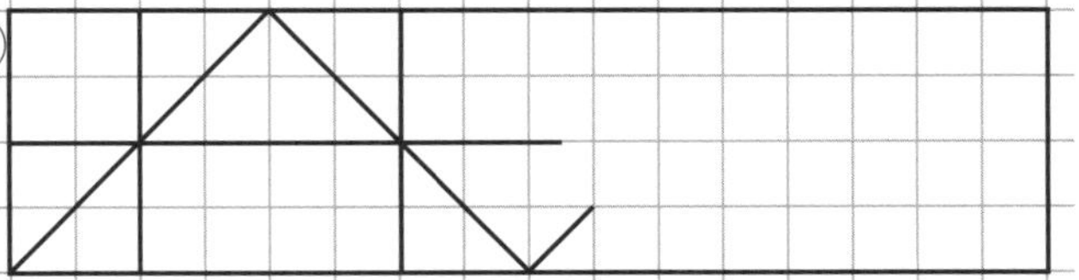

①

:	6	7	8	9
24		R		R
36		R	R	
42			R	R
56	R			R

②

$\underline{\hspace{2em}} - 35 = 51$

$\underline{\hspace{2em}} - 27 = 43$

$\underline{\hspace{2em}} - 61 = 19$

$\underline{\hspace{2em}} - 38 = 37$

$\underline{\hspace{2em}} - 85 = 9$

③

$\underline{\hspace{2em}} + 18 = 26$

$\underline{\hspace{2em}} + 45 = 47$

$\underline{\hspace{2em}} + 9 = 90$

$\underline{\hspace{2em}} + 42 = 71$

$\underline{\hspace{2em}} + 76 = 82$

④

$\underline{\hspace{2em}} + 35 = 80$

$\underline{\hspace{2em}} - 77 = 13$

$\underline{\hspace{2em}} + 42 = 68$

$\underline{\hspace{2em}} - 81 = 19$

$\underline{\hspace{2em}} + 56 = 74$

⑤

⑥

⑦

① Schreibe als Zahlwörter.

528 = _fünfhundertachtundzwanzig_

712 = _________________________

340 = _________________________

79 = _________________________

605 = _________________________

218 = _________________________

34 = _________________________

867 = _________________________

② Welche dreistelligen Zahlen kannst du bilden?
Schreibe einige mit Ziffern auf.

| siebenhundert | | sechzig |

| neunzig | und | zehn |

| drei | ein(s) |

| sechshundert | vier | einhundert |

_________________ _________________ _________________

_________________ _________________ _________________

③

·	2	9	7	5	8
7					
3					
8					
6					
4					

① Schreibe die Zahlen auf zwei andere Arten.

= _____________ = _____________

3 H 1 Z 2 E = _____________ = _____________

206 = _____________ = _____________

= _____________ = _____________

1 H 4 Z 7 E = _____________ = _____________

513 = _____________ = _____________

② Kontrolliere mit der Umkehraufgabe.

_____ + 37 = 82   K: 82 − 37 = _____

_____ − 43 = 28   K: _____________

_____ · 6 = 42   K: _____________

_____ : 5 = 9   K: _____________

_____ + 14 = 41   K: _____________

_____ − 56 = 35   K: _____________

_____ · 8 = 32   K: _____________

_____ : 3 = 7   K: _____________

1 : 6 →

	2
24	
	7
30	
	3
36	

2 : 8 →

48	
	3
72	
	7
16	
	8

3 : 4 →

	4
36	
	6
4	
	8
28	

4 : 5 →

20	
	8
35	
	0
50	
	6

5 : 9 →

	6
45	
	3
81	
	7
18	

6

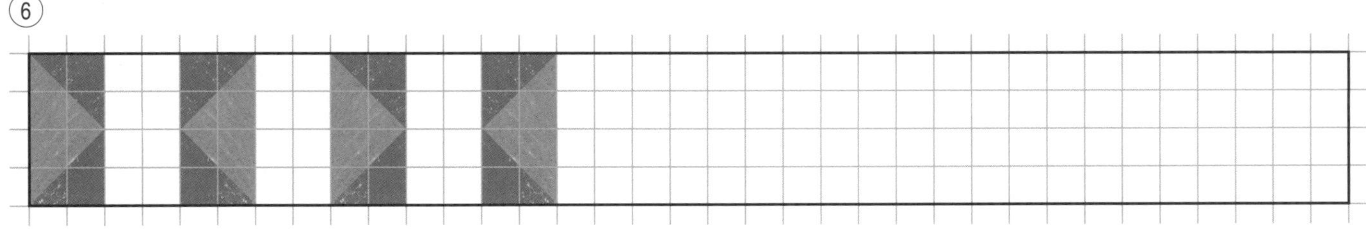

7

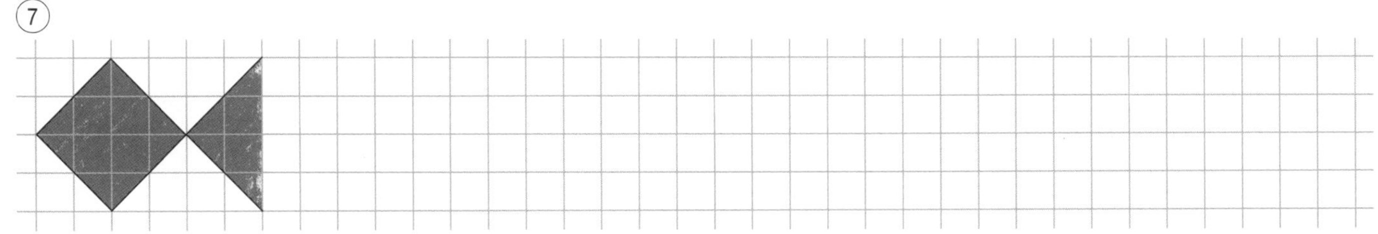

① Trage die fehlenden Zahlen ein.

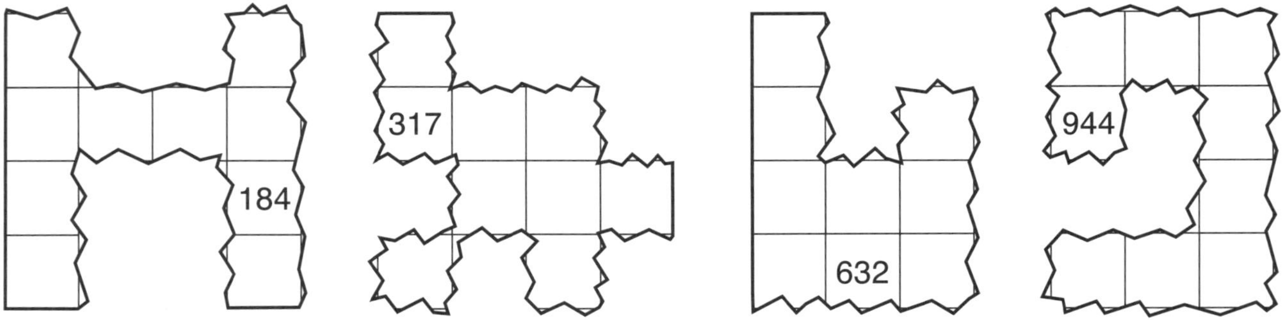

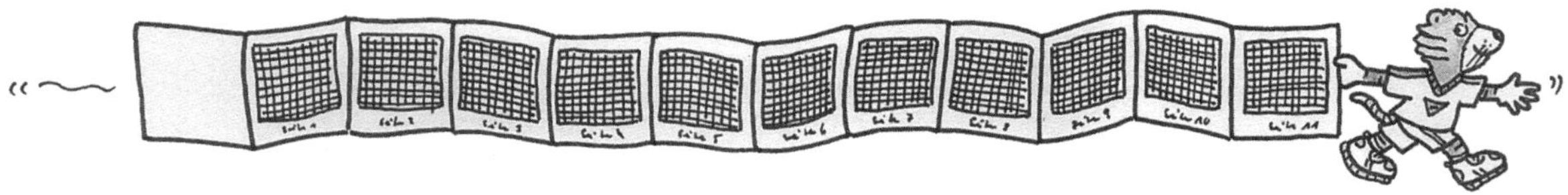

317

184

632

944

②	③	④	⑤	⑥
234 + 8 = _____	198 − 9 = _____	128 + 70 = _____	123 − 10 = _____	4 + 787 = _____
345 + 7 = _____	987 − 5 = _____	217 + 60 = _____	234 − 20 = _____	6 + 348 = _____
456 + 6 = _____	876 − 8 = _____	376 + 20 = _____	345 − 30 = _____	3 + 279 = _____
567 + 5 = _____	765 − 6 = _____	465 + 30 = _____	456 − 50 = _____	7 + 489 = _____
678 + 9 = _____	654 − 7 = _____	554 + 40 = _____	567 − 60 = _____	2 + 698 = _____
789 + 4 = _____	543 − 4 = _____	643 + 10 = _____	678 − 40 = _____	8 + 986 = _____

① 152 + _____ = 160 ② 320 + _____ = 330 ③ 693 − _____ = 610 ④ 780 − _____ = 720

142 + _____ = 160 319 + _____ = 331 683 − _____ = 610 770 − _____ = 719

132 + _____ = 160 318 + _____ = 332 673 − _____ = 610 760 − _____ = 718

122 + _____ = 160 317 + _____ = 333 663 − _____ = 610 750 − _____ = 717

112 + _____ = 160 316 + _____ = 334 653 − _____ = 610 740 − _____ = 716

⑤ Setze das Muster fort.

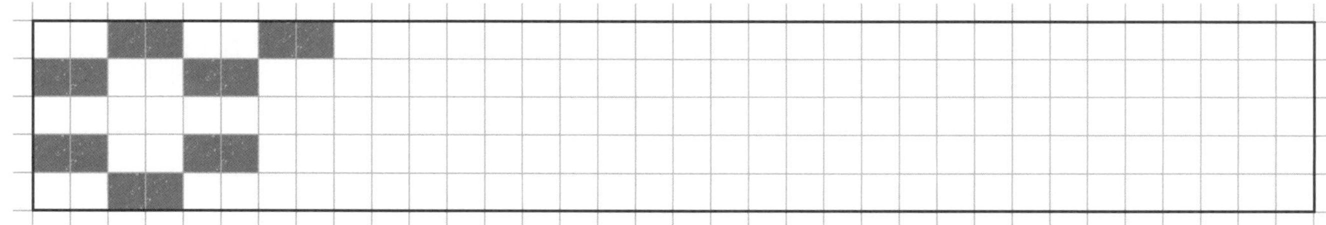

⑥ 215 + _____ = 315 ⑦ 482 − _____ = 282 ⑧ 231 + _____ = 500 ⑨ _____ − 350 = 500

652 + _____ = 952 304 − _____ = 104 388 + _____ = 700 _____ − 110 = 800

807 + _____ = 907 819 − _____ = 319 150 + _____ = 400 _____ − 420 = 300

111 + _____ = 511 536 − _____ = 236 474 + _____ = 800 _____ − 280 = 200

539 + _____ = 739 910 − _____ = 610 752 + _____ = 900 _____ − 570 = 400

① Welche Zahlen gehören zu den Buchstaben?

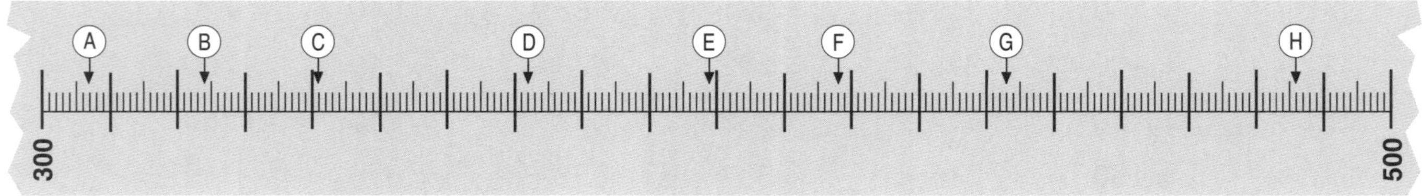

A = _____   B = _____   C = _____   D = _____   E = _____   F = _____   G = _____   H = _____

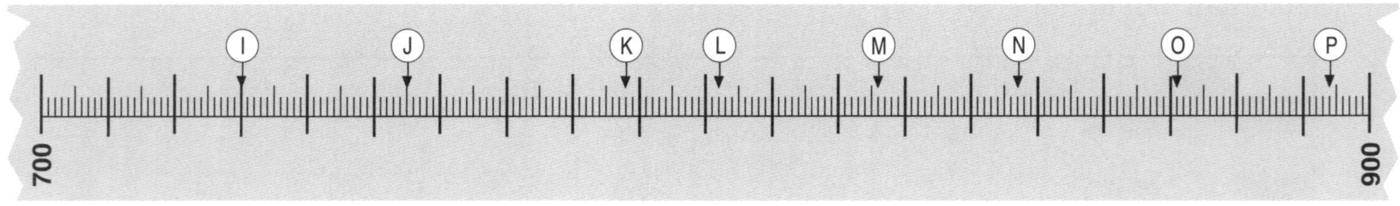

I = _____   J = _____   K = _____   L = _____   M = _____   N = _____   O = _____   P = _____

② Bilde jeweils die kleinste und die größte dreistellige Zahl.

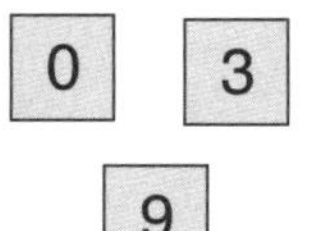

_____   _____   _____   _____   _____   _____   _____   _____

24

1. Finde die Regel und setze die Zahlenfolgen fort.

236, 266, 316, 346, 396, _____, _____, _____, _____, _____, _____.

473, 433, 523, 483, 573, _____, _____, _____, _____, _____, _____.

724, 664, 684, 624, 644, _____, _____, _____, _____, _____, _____.

2. Welche Zahl passt nicht in die Folge? Streiche sie durch und schreibe die richtige Zahl in den Rahmen.

318,   388,   458,   528,   589,   668,   738   

885,   860,   835,   810,   785,   770,   735   

623,   632,   643,   650,   659,   668,   677   

3. Ich denke mir eine Zahl. Sie liegt zwischen 435 und 500. Sie hat 9 E und 7 Z. Die Zahl heißt _____.

4. Ich denke mir eine Zahl. Sie liegt zwischen 300 und 400. Sie hat 4 E und doppelt so viele Z. Die Zahl heißt _____.

5. Ich denke mir eine Zahl. Sie liegt zwischen 100 und 1 000. Sie hat 2 E, viermal so viele H und keine Z. Die Zahl heißt _____.

1

+	6	20	26
230			
474			
506			
899			

2

−	7	30	37
660			
983			
337			
105			

3

+	5	15	35
890			
265			
666			
75			

4

−	4	14	54
904			
800			
760			
656			

5 Genau in der Mitte zwischen …

117 und 127 liegt _______.

919 und 923 liegt _______.

420 und 840 liegt _______.

800 und 300 liegt _______.

700 und 750 liegt _______.

210 und 610 liegt _______.

519 und 531 liegt _______.

6

7

① $3 + \underline{\hspace{2em}} = 8$
$30 + \underline{\hspace{2em}} = 80$
$300 + \underline{\hspace{2em}} = 800$

② $1 + \underline{\hspace{2em}} = 9$
$10 + \underline{\hspace{2em}} = 90$
$100 + \underline{\hspace{2em}} = 900$

③ $7 - \underline{\hspace{2em}} = 4$
$70 - \underline{\hspace{2em}} = 40$
$700 - \underline{\hspace{2em}} = 400$

④ $9 - \underline{\hspace{2em}} = 2$
$90 - \underline{\hspace{2em}} = 20$
$900 - \underline{\hspace{2em}} = 200$

⑤ $\underline{\hspace{2em}} + 3 = 5$
$\underline{\hspace{2em}} + 30 = 50$
$\underline{\hspace{2em}} + 300 = 500$

⑥ $\underline{\hspace{2em}} + 2 = 7$
$\underline{\hspace{2em}} + 20 = 70$
$\underline{\hspace{2em}} + 200 = 700$

⑦ $\underline{\hspace{2em}} - 4 = 4$
$\underline{\hspace{2em}} - 40 = 40$
$\underline{\hspace{2em}} - 400 = 400$

⑧ $\underline{\hspace{2em}} - 6 = 1$
$\underline{\hspace{2em}} - 60 = 10$
$\underline{\hspace{2em}} - 600 = 100$

⑨ $68 - 40 = \underline{\hspace{2em}}$
$168 - 40 = \underline{\hspace{2em}}$
$268 - 40 = \underline{\hspace{2em}}$

⑩ $\underline{\hspace{2em}} + 70 = 97$
$\underline{\hspace{2em}} + 70 = 197$
$\underline{\hspace{2em}} + 70 = 297$

⑪ $52 - 5 = \underline{\hspace{2em}}$
$152 - 5 = \underline{\hspace{2em}}$
$252 - 5 = \underline{\hspace{2em}}$

⑫ $78 + 13 = \underline{\hspace{2em}}$
$178 + 13 = \underline{\hspace{2em}}$
$278 + 13 = \underline{\hspace{2em}}$

⑬ 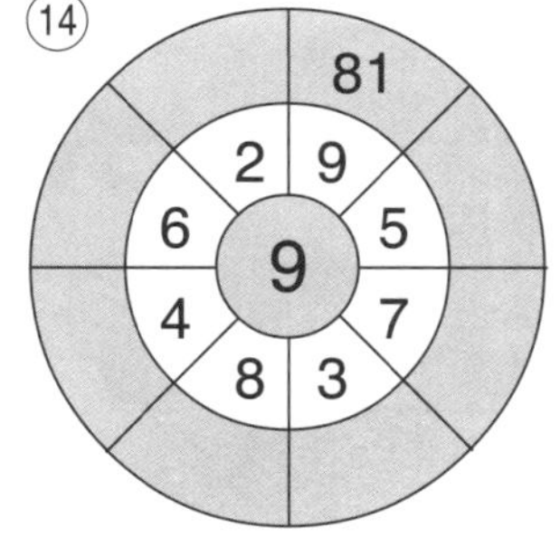

⑭ 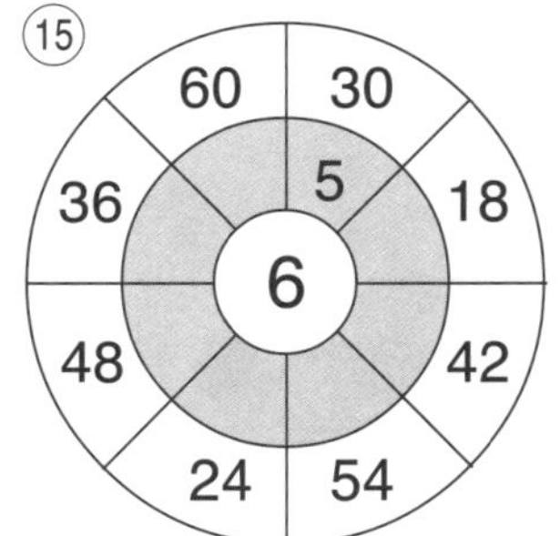

⑮

⑯ 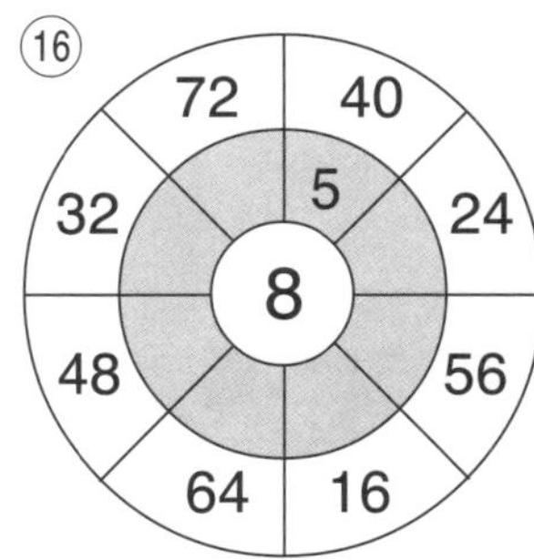

Finde den Lösungssatz.

A	D	E	F	H	I	L	M	N	P	R	S	T	U
49	97	54	30	64	36	48	45	35	56	24	42	18	21

1 $9 \cdot 4 =$ _____

2 $5 \cdot 7 =$ _____

3 $7 \cdot 8 =$ _____

4 $7 \cdot 7 =$ _____

5 $3 \cdot 8 =$ _____

6 $6 \cdot 6 =$ _____

7 _____ $: 6 = 7$

8 _____ $: 2 = 21$

9 _____ $: 3 = 6$

10 _____ $: 6 = 9$

11 _____ $: 8 = 8$

12 _____ $: 9 = 2$

13 $28 + 69 =$ _____

14 $27 + 27 =$ _____

15 $11 + 13 =$ _____

16 $29 + 25 =$ _____

17 $18 + 18 =$ _____

18 $16 + 14 =$ _____

19 $94 - 64 =$ _____

20 $83 - 29 =$ _____

21 $74 - 26 =$ _____

22 $67 - 49 =$ _____

23 $40 - 19 =$ _____

24 $57 - 33 =$ _____

25 $91 - 46 =$ _____

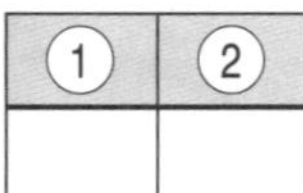

1	2		3	4	5	6	7		8	9	10	11	12

13	14	15		16	17	18	19	20	21	22	23	24	25	

① Schreibe mit Ziffern.

dreihundertfünfundneunzig = ______

neunhundertdreiundfünfzig = ______

fünfhundertneununddreißig = ______

② $140 + \_\_\_\_ = 700$

$408 + \_\_\_\_ = 500$

$271 + \_\_\_\_ = 600$

③ $400 - \_\_\_\_ = 170$

$600 - \_\_\_\_ = 354$

$900 - \_\_\_\_ = 99$

④ Bilde mit den Ziffernkärtchen dreistellige Zahlen.

| 5 | 1 | 8 |

______ ______ ______

______ ______ ______

⑤ Streiche die falsche Zahl durch und schreibe die richtige Zahl in den Rahmen.

776, 783, 790, 798, 804, 811, 818

413, 398, 383, 368, 353, 348, 323

172, 212, 252, 292, 322, 372, 412

⑥ Ich denke mir eine Zahl. Sie liegt zwischen 300 und 700. Sie hat 2 Z, dreimal so viele H wie Z und halb so viele E wie H. Die Zahl heißt ______.

⑦ 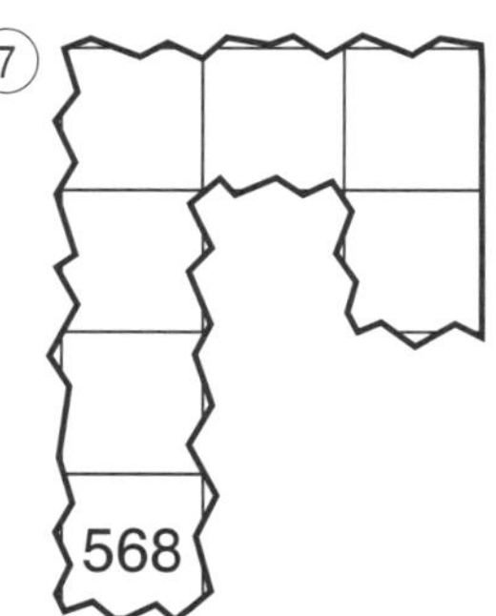

⑧ 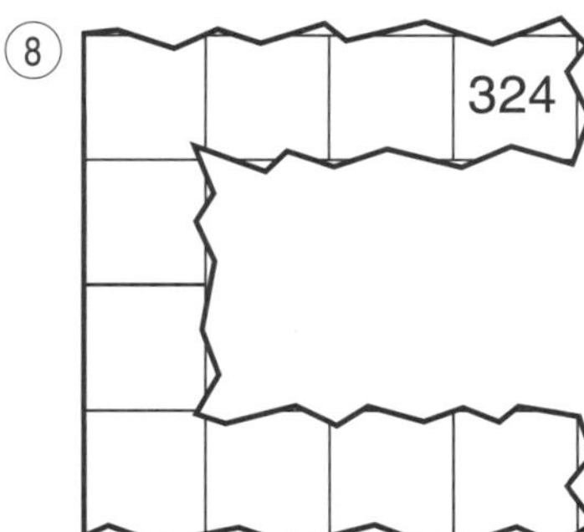

① Welche Verkehrszeichen sind symmetrisch? Zeichne die Symmetrieachsen ein.

     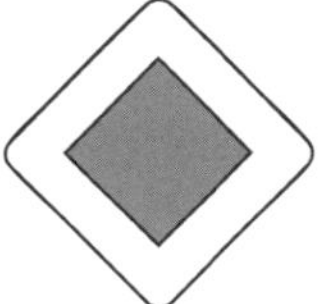

② · 8

	32
6	
	64
3	

③ : 5

	3
35	
	9
25	

④ · 3

7	
	12
9	
	18

⑤ : 10

80	
	4
50	
	10

⑥

+	7	37	4	44
58				
341				
736				
904				

⑦ Setze ein: >, <, =.

6 · 2 ◯ 18	3 · 8 ◯ 26	4 · 4 ◯ 16	6 · 6 ◯ 38	5 · 3 ◯ 14
7 · 8 ◯ 54	9 · 6 ◯ 56	8 · 3 ◯ 21	3 · 7 ◯ 21	9 · 5 ◯ 40
4 · 6 ◯ 24	5 · 4 ◯ 25	7 · 7 ◯ 64	2 · 9 ◯ 16	6 · 8 ◯ 48
3 · 4 ◯ 14	7 · 5 ◯ 35	2 · 8 ◯ 18	5 · 6 ◯ 30	4 · 7 ◯ 27

1 Ergänze symmetrisch.

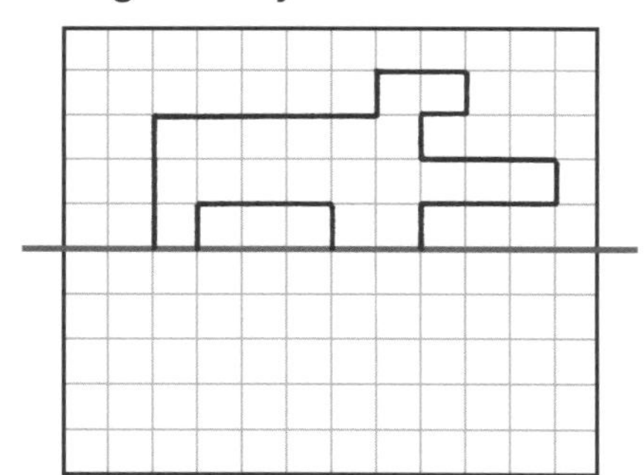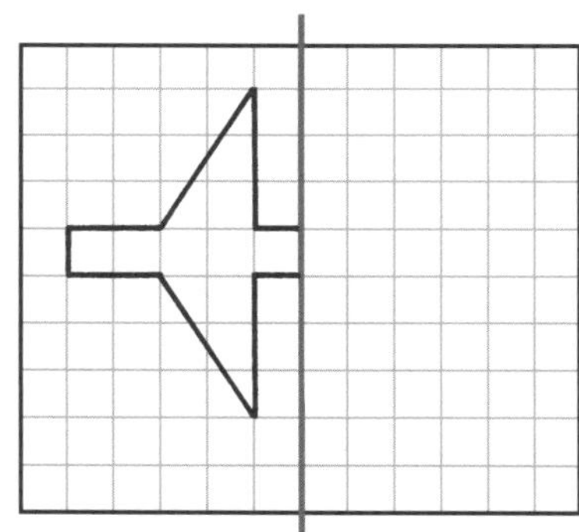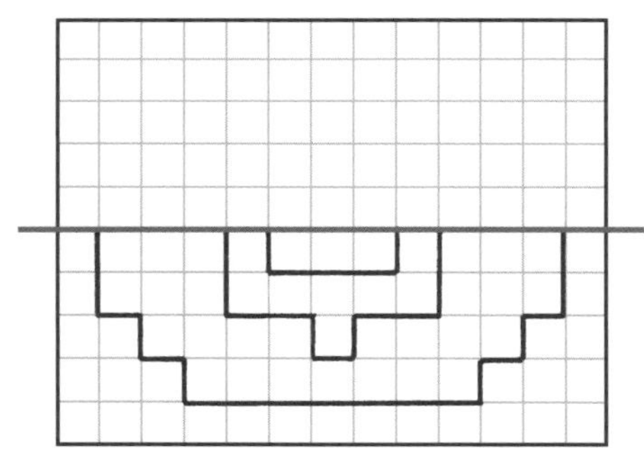

2 Wie heißen die Zahlen, die anstelle der Buchstaben stehen müssten?

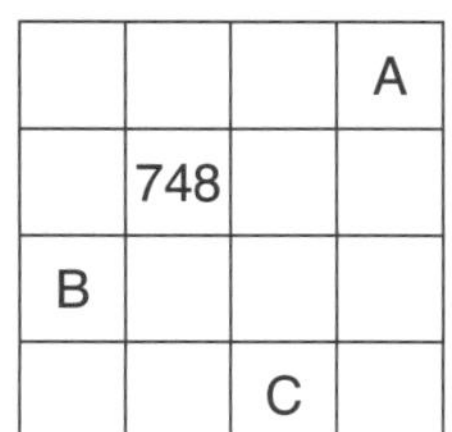

A: _______
B: _______
C: _______

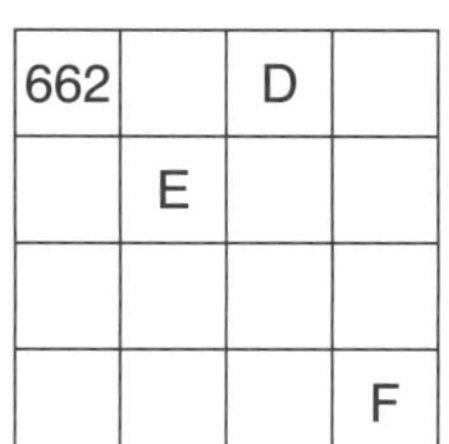

D: _______
E: _______
F: _______

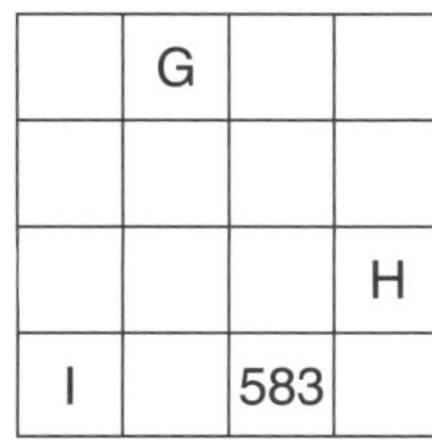

G: _______
H: _______
I : _______

3
$5 \cdot 4 =$ _______
$7 \cdot 6 =$ _______
$8 \cdot 2 =$ _______
$4 \cdot 9 =$ _______
$5 \cdot 8 =$ _______

4
$7 \cdot$ ___ $= 28$
$4 \cdot$ ___ $= 24$
$3 \cdot$ ___ $= 27$
$2 \cdot$ ___ $= 6$
$8 \cdot$ ___ $= 72$

5
___ $\cdot 5 = 35$
___ $\cdot 4 = 32$
___ $\cdot 9 = 54$
___ $\cdot 6 = 30$
___ $\cdot 8 = 24$

6
$48 : 8 =$ ___
$36 : 6 =$ ___
$12 : 3 =$ ___
$18 : 2 =$ ___
$56 : 7 =$ ___

7
___ $: 9 = 7$
___ $: 8 = 8$
___ $: 5 = 9$
___ $: 3 = 6$
___ $: 7 = 5$

In dem Spiegelbild rechts sind 10 Fehler. Finde sie.
Zeichne das Bild ohne Fehler in dein Heft.

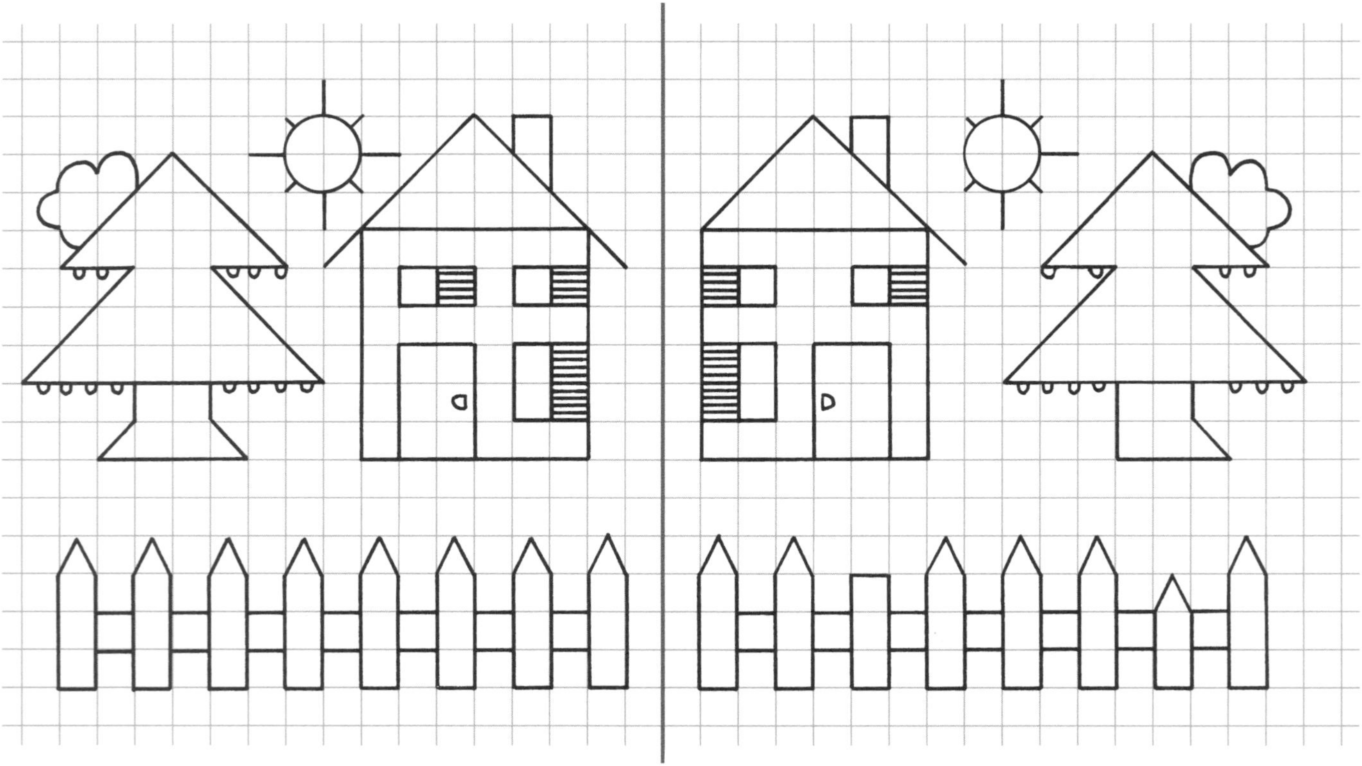

① Wie heißen die Städte?

Paris = _______________________

Madrid = _______________________

Berlin = _______________________

London = _______________________

② Zeichne die Symmetrieachsen ein und male die Flaggen in den richtigen Farben an.

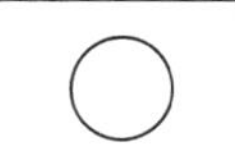 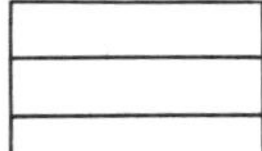   

③
$480 + \_\_\_\_ = 530$

$320 + \_\_\_\_ = 410$

$760 + \_\_\_\_ = 840$

$210 + \_\_\_\_ = 320$

④
$570 - \_\_\_\_ = 490$

$330 - \_\_\_\_ = 250$

$450 - \_\_\_\_ = 380$

$680 - \_\_\_\_ = 590$

⑤
$\_\_\_\_ + 530 = 680$

$\_\_\_\_ + 270 = 390$

$\_\_\_\_ + 840 = 920$

$\_\_\_\_ + 350 = 470$

⑥
$\_\_\_\_ - 340 = 130$

$\_\_\_\_ - 610 = 90$

$\_\_\_\_ - 290 = 110$

$\_\_\_\_ - 880 = 120$

⑦
$16 : 8 = \_\_\_\_$ K: $2 \cdot 8 = 16$

$18 : 8 = \_\_\_\_$ K: _______________

$56 : 7 = \_\_\_\_$ K: _______________

$59 : 7 = \_\_\_\_$ K: _______________

$36 : 4 = \_\_\_\_$ K: _______________

$39 : 4 = \_\_\_\_$ K: _______________

⑧
$24 : 6 = \_\_\_\_$ K: _______________

$27 : 6 = \_\_\_\_$ K: _______________

$27 : 9 = \_\_\_\_$ K: _______________

$35 : 9 = \_\_\_\_$ K: _______________

$40 : 5 = \_\_\_\_$ K: _______________

$44 : 5 = \_\_\_\_$ K: _______________

① 26 + 7 = ______
26 + 70 = ______
26 + 77 = ______
226 + 7 = ______
226 + 70 = ______
226 + 77 = ______

② 55 − 5 = ______
55 − 50 = ______
55 − 55 = ______
355 − 5 = ______
355 − 50 = ______
355 − 55 = ______

③ 48 + 6 = ______
48 + 60 = ______
48 + 66 = ______
448 + 6 = ______
448 + 60 = ______
448 + 66 = ______

④ 71 − 4 = ______
71 − 40 = ______
71 − 44 = ______
171 − 4 = ______
171 − 40 = ______
171 − 44 = ______

⑤ Setze das Muster in beide Richtungen fort und male es an.

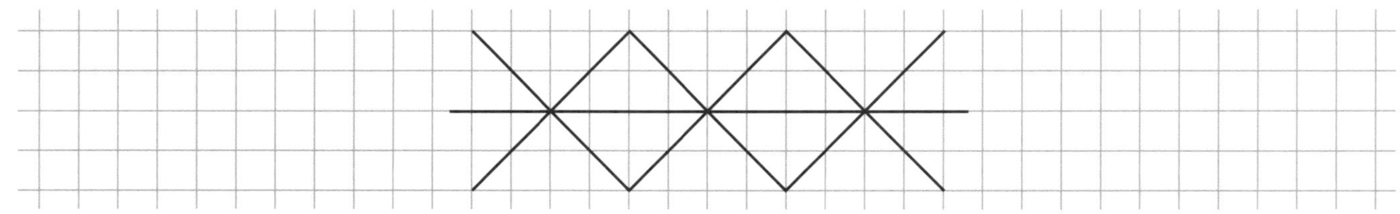

⑥

70	94		76		52
60		85		69	
130	180	150	140	120	110

⑦

160		181		146	
90	64		77		83
70	90	60	80	50	40

+231

① 158 +   8 = _____
158 + 80 = _____
158 + 800 = _____

② 478 +   5 = _____
478 + 50 = _____
478 + 500 = _____

③ 935 −   7 = _____
935 − 70 = _____
935 − 700 = _____

④ 804 −   6 = _____
804 − 60 = _____
804 − 600 = _____

⑤ 22 : 7 = 3 R 1   K: 3 · 7 = 21   21 + 1 = 22
34 : 7 = _____   K: _____________
12 : 7 = _____   K: _____________
45 : 7 = _____   K: _____________
19 : 7 = _____   K: _____________
54 : 7 = _____   K: _____________
62 : 7 = _____   K: _____________
26 : 7 = _____   K: _____________

⑥ Ergänze die fehlenden Zahlen. Die Summe in jeder Reihe und jeder Spalte ist immer 100.

	25		25
5		15	
45		15	25
35	5		

⑦

17		38
19		41
		79

⑧

19	26	
25	27	
		97

⑨

26	24	
42	38	80

⑩

	14	38
	22	40
		78

① 7 + 147 = ______ 70 + 147 = ______ 700 + 147 = ______

② 9 + 89 = ______ 90 + 89 = ______ 900 + 89 = ______

③ ______ − 8 = 165 ______ − 80 = 165 ______ − 800 = 165

④ ______ − 6 = 297 ______ − 60 = 297 ______ − 600 = 297

⑤ 18 : 8 = 2 R 2   K: 2 · 8 = 16   16 + 2 = 18

36 : 8 = ______   K: ______________________

46 : 8 = ______   K: ______________________

28 : 8 = ______   K: ______________________

54 : 8 = ______   K: ______________________

68 : 8 = ______   K: ______________________

15 : 8 = ______   K: ______________________

38 : 8 = ______   K: ______________________

⑥ Wie kommst du mit diesen Ziffern und Zeichen genau auf 100?

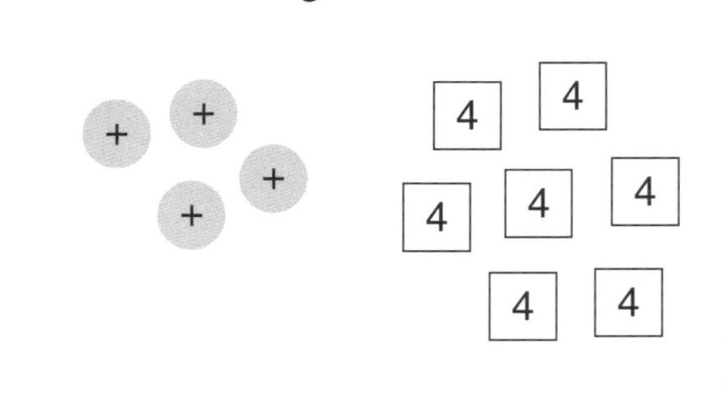

______________________ = 100

⑦

230	160		580		640
450		370		320	
680	530	740	910	460	850

⑧

910		820		740	
530	460		380		270
380	250	470	590	160	680

①
32 : 9 = 3 R 5   K: 3 · 9 = 27   27 + 5 = 32

49 : 9 = _______   K: _____________________

17 : 9 = _______   K: _____________________

56 : 9 = _______   K: _____________________

23 : 9 = _______   K: _____________________

85 : 9 = _______   K: _____________________

64 : 9 = _______   K: _____________________

70 : 9 = _______   K: _____________________

 8 : 9 = _______   K: _____________________

91 : 9 = _______   K: _____________________

② Spiegle die Figur an der Symmetrieachse.

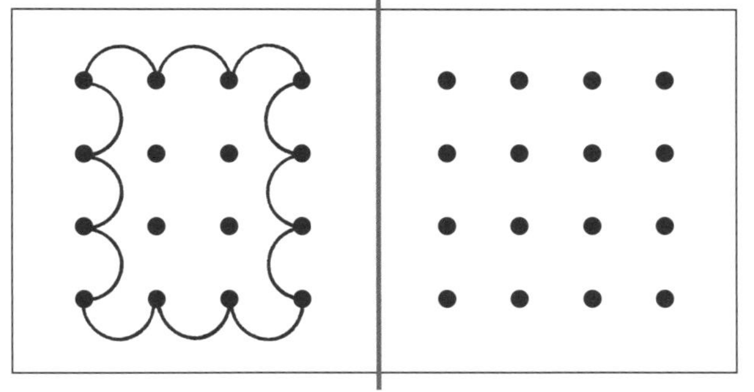

③ Ich denke mir eine Zahl. Sie ist um 40 größer als das Doppelte von 200.

Die Zahl heißt ______.

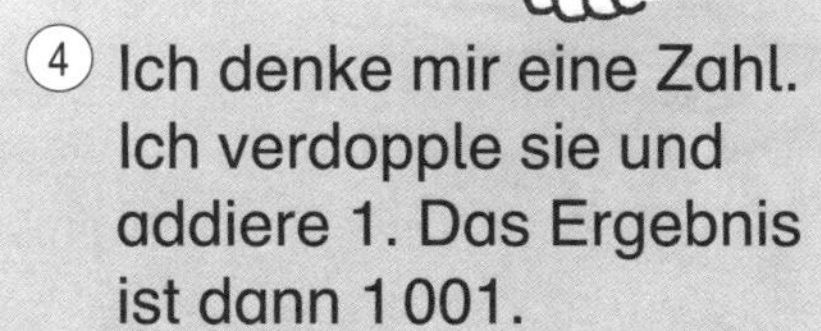

④ Ich denke mir eine Zahl. Ich verdopple sie und addiere 1. Das Ergebnis ist dann 1 001.

Die Zahl heißt ______.

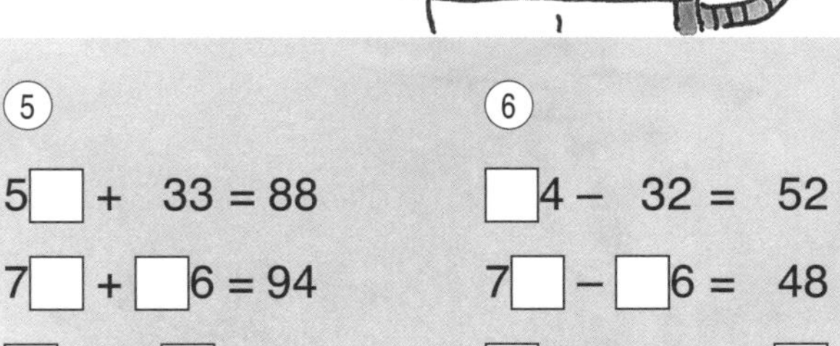

⑤

5☐ + 33 = 88

7☐ + ☐6 = 94

☐8 + 3☐ = 82

⑥

☐4 − 32 = 52

7☐ − ☐6 = 48

☐3 − 29 = 4☐

①

36	47	
54		29
90	81	72

②

670		829
230	505	
440	250	430

③

$42 : 5 =$ _______

$63 : 8 =$ _______

$48 : 7 =$ _______

$24 : 9 =$ _______

④

$367 + 6 =$ _______

$367 + 60 =$ _______

$821 - 8 =$ _______

$821 - 80 =$ _______

⑤

$732 + 9 =$ _______

$732 + 39 =$ _______

$574 - 7 =$ _______

$574 - 47 =$ _______

⑥

Ergänze symmetrisch.

⑦ Setze ein: >, <, =.

$7 \cdot 8$ ◯ 58 $48 : 6$ ◯ 7 $26 + 62$ ◯ 88 $91 - 79$ ◯ 20

$4 \cdot 6$ ◯ 21 $72 : 9$ ◯ 9 $17 + 44$ ◯ 63 $85 - 58$ ◯ 23

⑧

2	38	40
19		62

⑨

27	14	41
35		
		80

① Schreibe mit Komma.

120 ct = _______

100 ct = _______

12 ct = _______

102 ct = _______

210 ct = _______

2 ct = _______

② Schreibe in ct.

6,04 € = _______

4,60 € = _______

0,46 € = _______

4,06 € = _______

60,04 € = _______

0,06 € = _______

③ Schreibe in € und ct.

751 ct = _______

17 ct = _______

157 ct = _______

5,71 € = _______

5,01 € = _______

10,57 € = _______

④ Verwende möglichst wenig Scheine und Münzen.

235 € = 200 € + 20 € + _____________

517 € = _________________________

____

83,64 € = _________________________

____

707,77 € = _________________________

____

⑤ Setze die Zahlen $\boxed{5}$ $\boxed{5}$ $\boxed{5}$ $\boxed{5}$ $\boxed{5}$ $\boxed{15}$ $\boxed{15}$ $\boxed{20}$ $\boxed{20}$ $\boxed{20}$ **so ein, dass die Summe auf jeder Linie 55 ergibt.**

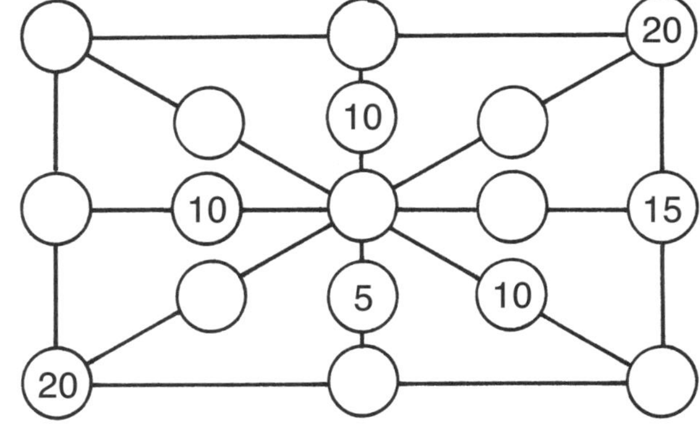

① Zeichne 585 € mit 5 Scheinen.

② Zeichne 313 € mit 3 Scheinen und 3 Münzen.

③ Zeichne 555,55 € mit 5 Scheinen und 5 Münzen.

④

·	6
4	
	30
9	
	18
7	
	0
2	
	48

⑤

:	5
40	
	4
15	
	7
25	
	6
0	
	9

⑥

+	7
258	
	371
509	
	185
464	
	902
666	
	840

⑦

−	11
404	
	303
101	
	505
707	
	909
202	
	606

Finde den Lösungssatz.

B	C	D	E	F	H	I	M	N	O	P	R	S	T
56	54	64	48	72	32	49	28	52	63	42	24	36	96

① $8 \cdot 8 =$ ____

② $6 \cdot 8 =$ ____

③ $4 \cdot 6 =$ ____

④ $7 \cdot 6 =$ ____

⑤ $12 \cdot 4 =$ ____

⑥ $12 \cdot 8 =$ ____

⑦ $2 \cdot 24 =$ ____

⑧ $3 \cdot 8 =$ ____

⑨ ____ $: 4 = 9$

⑩ ____ $: 8 = 8$

⑪ ____ $: 9 = 7$

⑫ ____ $: 4 = 7$

⑬ ____ $: 7 = 8$

⑭ ____ $: 8 = 6$

⑮ ____ $: 9 = 8$

⑯ ____ $: 7 = 7$

⑰ $16 + 36 =$ ____

⑱ $27 + 37 =$ ____

⑲ $23 + 25 =$ ____

⑳ $29 + 67 =$ ____

㉑ $21 + 15 =$ ____

㉒ $18 + 31 =$ ____

㉓ $26 + 28 =$ ____

㉔ $15 + 17 =$ ____

㉕ $83 - 34 =$ ____

㉖ $79 - 27 =$ ____

㉗ $63 - 39 =$ ____

㉘ $91 - 28 =$ ____

㉙ $82 - 54 =$ ____

1	2	3		4	5	6	7	8	9	10	11	12

13	14	15	16	17	18	19	20		21	22	23	24		25	26		27	28	29	
																				.

① 4 · 3 = _____   8 · 9 = _____   3 · 5 = _____   6 · 4 = _____   9 · 5 = _____

4 · 30 = _____   8 · 90 = _____   3 · 50 = _____   6 · 40 = _____   9 · 50 = _____

② 3 · 90 = _____   70 · 6 = _____   ___ · 20 = 40   7 · 40 = _____   ___ · 9 = 540

5 · 20 = _____   80 · 2 = _____   ___ · 10 = 50   4 · 80 = _____   ___ · 8 = 400

③ ___ · 4 = 36   5 · ___ = 20   ___ · 7 = 21   4 · ___ = 32   6 · ___ = 48

___ · 40 = 360   5 · ___ = 200   ___ · 70 = 210   4 · ___ = 320   6 · ___ = 480

④ 80 · ____ = 560   60 · ____ = 300   30 · ____ = 180   50 · ____ = 500   70 · ____ = 490

20 · ____ = 140   90 · ____ = 810   40 · ____ = 160   10 · ____ = 100   100 · ____ = 900

⑤ Jeweils eine Zahl passt nicht zu den anderen. Streiche sie durch.

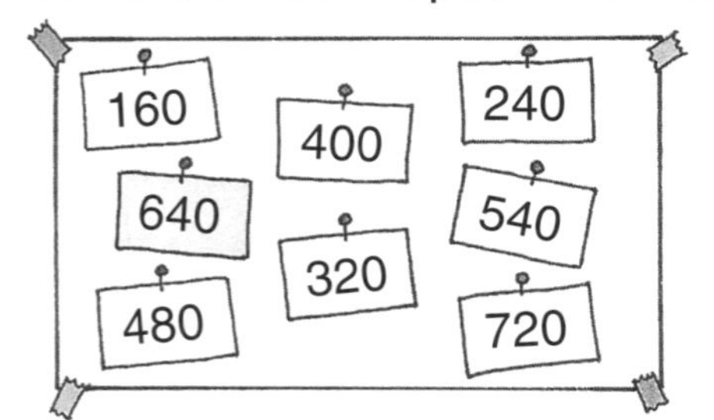

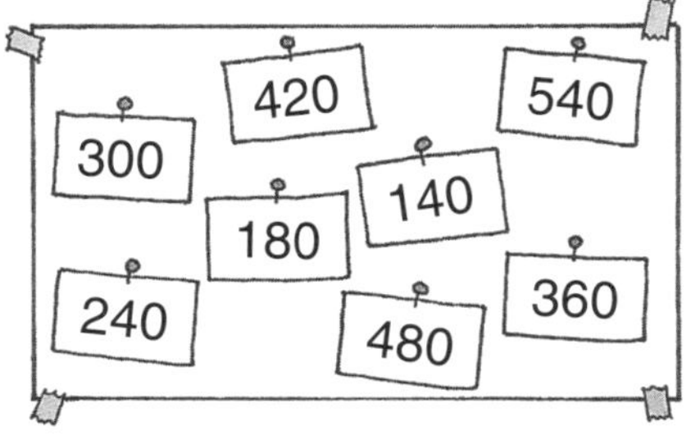

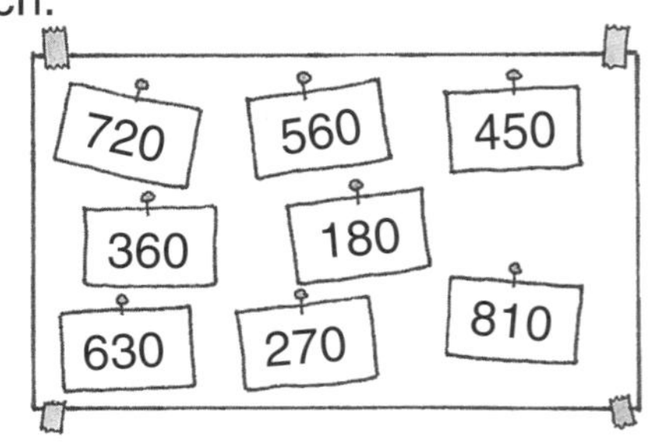

① 42 : 7 = ___ K: ___ · 7 = 42

16 : 8 = ___ K: __________

18 : 9 = ___ K: __________

48 : 6 = ___ K: __________

24 : 4 = ___ K: __________

② 43 : 8 = ___ R ___ K: _______________

66 : 7 = ________ K: _______________

43 : 5 = ________ K: _______________

19 : 6 = ________ K: _______________

38 : 4 = ________ K: _______________

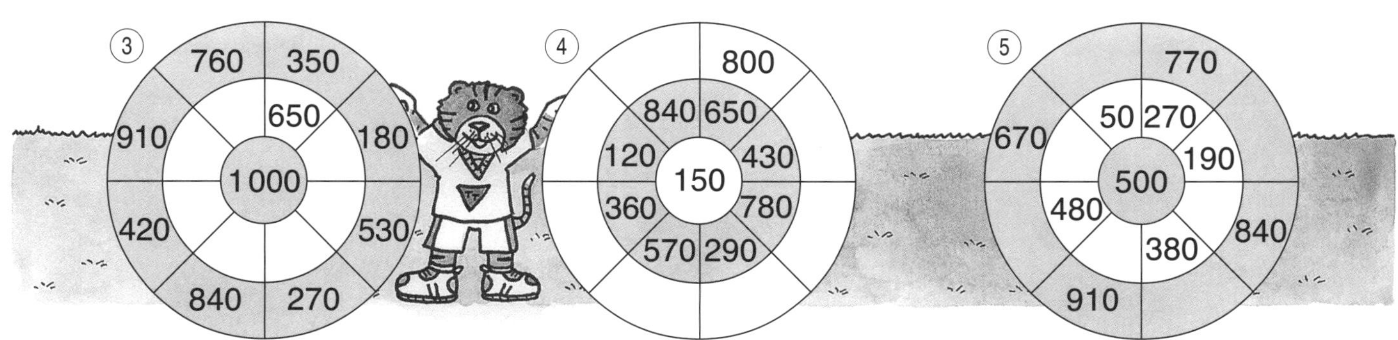

⑥ 32 : ___ = 4 K: ________

18 : ___ = 6 K: ________

24 : ___ = 3 K: ________

45 : ___ = 9 K: ________

64 : ___ = 8 K: ________

⑦ 53 : 5 = ________ K: _______________

14 : 3 = ________ K: _______________

23 : 8 = ________ K: _______________

44 : 9 = ________ K: _______________

54 : 7 = ________ K: _______________

①
49 : 7 = _____
490 : 7 = _____
490 : 70 = _____

②
40 : 8 = _____
400 : 8 = _____
400 : 80 = _____

③
35 : 5 = _____
350 : 50 = _____
350 : 5 = _____

④
72 : 9 = _____
720 : 90 = _____
720 : 9 = _____

⑤ : 4

	40
280	
	30
360	
	80
240	

⑥ : 50

350	
	3
100	
	8
300	
	9

⑦
280 : 40 = _____
_____ : 70 = 3
350 : _____ = 7
480 : 6 = _____
_____ : 3 = 60
360 : _____ = 40

⑧
560 : _____ = 7
240 : 8 = _____
_____ : 5 = 90
640 : _____ = 80
420 : 70 = _____
_____ : 40 = 6

Finde Divisionsaufgaben.

⑨
320   32   8
80   40   4

____
____
____
____
____

⑩
180   18   3
30   60   6

____
____
____
____

Wie schwer sind die Dinge? Ordne die Gewichtsangaben zu.

①

... ist schwerer als ...

Stein ← Vase
Buch → Spiel

836 g

783 g

867 g

763 g

Der Stein wiegt _______________.

Die Vase wiegt _______________.

Das Buch wiegt _______________.

Das Spiel wiegt _______________.

②

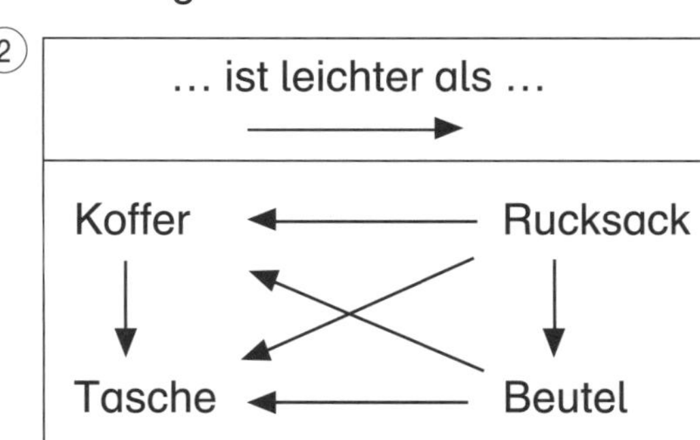

... ist leichter als ...

Koffer ← Rucksack
Tasche ← Beutel

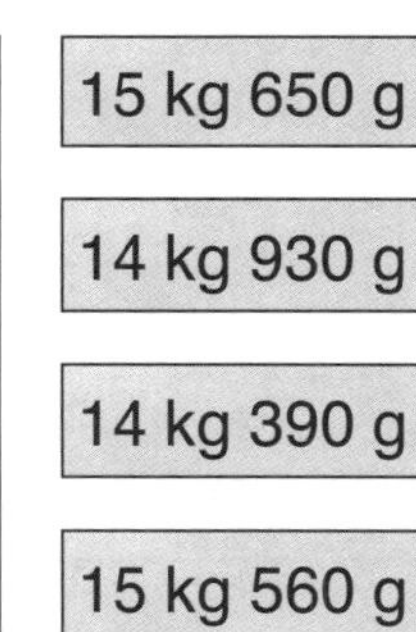

15 kg 650 g

14 kg 930 g

14 kg 390 g

15 kg 560 g

Der Koffer wiegt _________________.

Der Rucksack wiegt _________________.

Die Tasche wiegt _________________.

Der Beutel wiegt _________________.

③

:	6	8	40
240			
720			
480			
960			

④

−	3	33	333
567			
678			
789			
890			

⑤ Setze die Zahlen richtig ein. Verwende jede Zahl nur einmal.

448, 449, 453, 454, 901, 903

______ + ______ = ______

______ − ______ = ______

Du hast jedes dieser
Gewichtsstücke mehrfach
zur Verfügung.

① Zeichne 404 g mit 4 Gewichtsstücken.	② Zeichne 660 g mit 6 Gewichtsstücken.	③ Zeichne 1 kg mit 8 Gewichtsstücken.

④
$934 + \underline{\quad} = 981$

$758 + \underline{\quad} = 802$

$593 + \underline{\quad} = 710$

$842 + \underline{\quad} = 984$

⑤
$521 - \underline{\quad} = 498$

$252 - \underline{\quad} = 203$

$678 - \underline{\quad} = 567$

$901 - \underline{\quad} = 399$

⑥
$\underline{\quad} + 376 = 407$

$\underline{\quad} + 684 = 703$

$\underline{\quad} + 135 = 245$

$\underline{\quad} + 209 = 499$

⑦
$\underline{\quad} - 827 = 95$

$\underline{\quad} - 406 = 101$

$\underline{\quad} - 912 = 8$

$\underline{\quad} - 680 = 420$

①

630		420		320
90	40		60	
7	5	6	9	4

②

50	40		70	
7		6		8
350	200	480	280	560

③
36 : 7 = _________ K: _____________________

19 : 3 = _________ K: _____________________

44 : 5 = _________ K: _____________________

56 : 6 = _________ K: _____________________

27 : 8 = _________ K: _____________________

38 : 4 = _________ K: _____________________

④ Schreibe die Geldbeträge auf zwei weitere Arten.

6,38 € = _________ = _________

194 ct = _________ = _________

3 € 7 ct = _________ = _________

2 ct = _________ = _________

⑤

·	60	90
2		
4		
7		
9		

⑥ Zeichne 345,12 € mit 5 Scheinen und 5 Münzen.

⑦

Ich denke mir eine Zahl. Wenn ich sie durch 3 dividiere, erhalte ich 80, wenn ich sie durch 40 dividiere, erhalte ich 6.

Die Zahl heißt ______.

① Ordne die Gewichtsangaben zu.

500 g

850 g   40 g

150 g

Tennisball: _______________________

Banane: _______________________

$\frac{1}{2}$ l Milch: _______________________

Flasche Sprudel: _______________________

② Wie viel kg Kartoffeln sind es?
Fülle die Tabelle aus.

Kisten	kg Kartoffeln
1	
3	45 kg
4	
5	
8	
10	
12	

③ Ergänze zu 1 kg.

179 g + _______

643 g + _______

_______ + 261 g

_______ + 894 g

④ Ergänze zu $\frac{1}{2}$ kg.

489 g + _______

185 g + _______

_______ + 372 g

_______ + 101 g

⑤ Wie schwer sind die Dinge?

Die Äpfel wiegen _______.

Die Bananen wiegen _______.

Die Birnen wiegen _______.

① Merke:

1 kg = _________ g

$\frac{3}{4}$ kg = _________ g

$\frac{1}{4}$ kg = _________ g

$\frac{1}{2}$ kg = _________ g

② Verdopple die Gewichtsangaben.

205 g ⟶ _____________

3 kg 250 g ⟶ _____________

515 g ⟶ _____________

$\frac{3}{4}$ kg ⟶ _____________

③ Halbiere die Gewichtsangaben.

$\frac{1}{2}$ kg ⟶ _____________

320 g ⟶ _____________

2 kg 500 g ⟶ _____________

$\frac{3}{4}$ kg ⟶ _____________

④ Ordne der Größe nach.

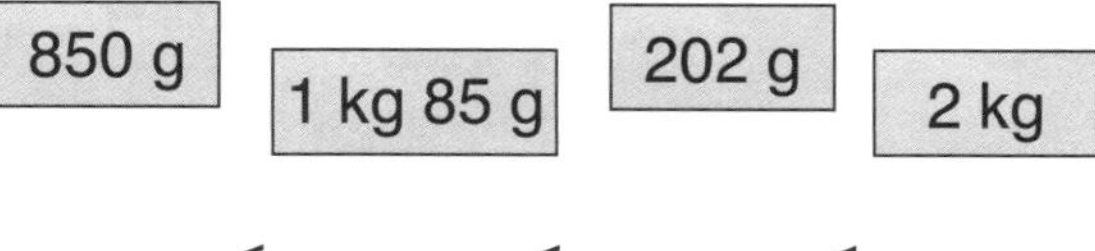

_________ < _________ < _________ < _________

⑤ Ordne der Größe nach.

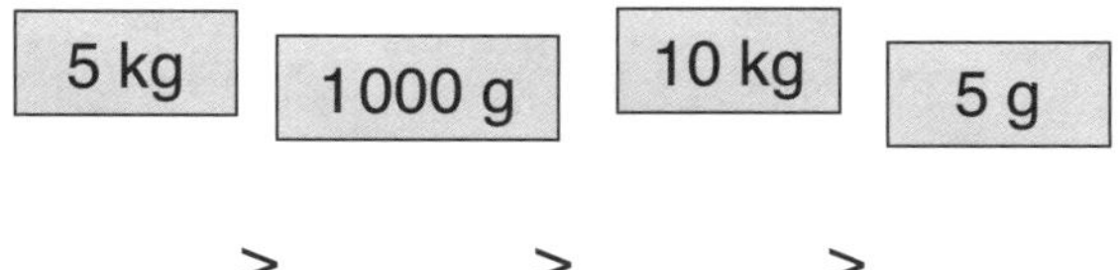

_________ > _________ > _________ > _________

⑥ Wie viel wiegen die Dinge zusammen?

$\frac{3}{4}$ kg Bananen und 1 kg 500 g Orangen:

____

750 g Erdbeeren und $\frac{3}{4}$ kg Kirschen:

____

⑦ Wie viel Gramm bleiben übrig?

Von $1\frac{1}{2}$ kg Aprikosen werden $\frac{3}{4}$ kg gegessen.

____

Von 1 500 g Trauben werden 1 kg 25 g gegessen.

____

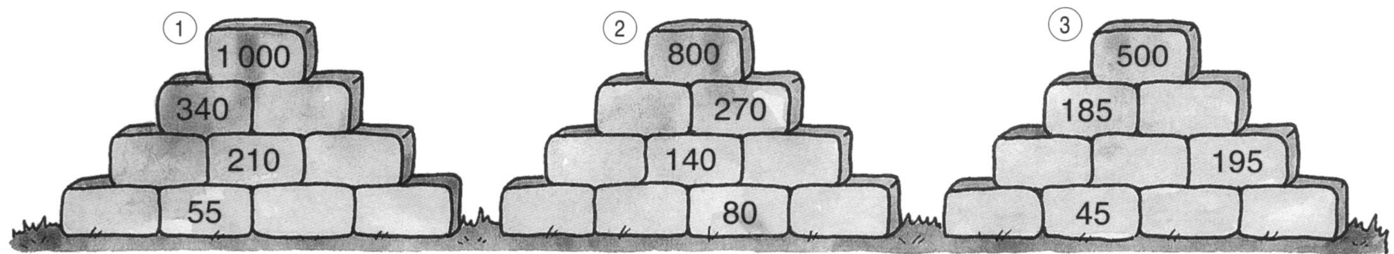

① 1 000 / 340 / 210 / 55

② 800 / 270 / 140 / 80

③ 500 / 185 / 195 / 45

④
9 : 3 = _____
90 : 3 = _____
90 : 30 = _____
900 : 3 = _____
900 : 30 = _____

⑤
8 : 2 = _____
80 : 20 = _____
80 : 2 = _____
800 : 20 = _____
800 : 2 = _____

⑥
10 : _____ = 2
100 : _____ = 2
100 : _____ = 20
1 000 : _____ = 200
1 000 : _____ = 20

⑦
12 : _____ = 3
120 : _____ = 30
120 : _____ = 3
1 200 : _____ = 30
1 200 : _____ = 3

⑧ Setze die Zahlen richtig ein. Verwende jede Zahl nur einmal: 236, 237, 238, 239, 474, 476.

_____ – _____ = _____

_____ + _____ = _____

⑨ Ich denke mir eine Zahl aus der 6er-Reihe. Wenn ich die Einer und Zehner vertausche, erhalte ich wieder eine Zahl aus der 6er-Reihe.

Die Zahl heißt: _______

⑩ Ich denke mir eine Zahl aus der 8er-Reihe. Wenn ich die Einerziffer und die Zehnerziffer addiere, erhalte ich 4.

Die Zahl heißt: _______

1

Zahl	48	679	783	35	817	184	337	102	96	405	951
gerundet zu vollen Zehnern	50										

2

Zahl	711	880	383	449	561	238	75	336	950	28	505
gerundet zu vollen Hundertern	700										

3

4 Jede Reihe und Spalte soll die Summe 39 ergeben.

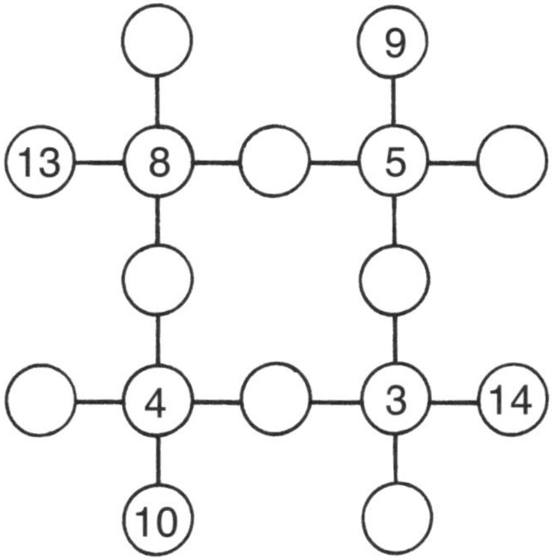

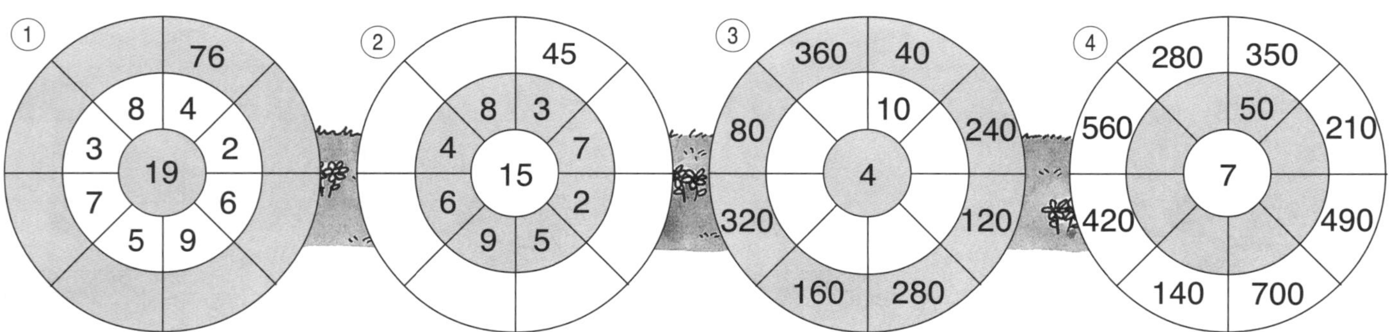

⑤ Welche Zahl passt nicht in die Folge?
Streiche sie durch und schreibe die
richtige Zahl in den Rahmen.

82, 192, 302, 412, 524, 632, 742

73, 173, 143, 243, 213, 331, 283, 383

845, 832, 836, 823, 827, 814, 819, 805

925, 850, 785, 700, 625, 550, 475

⑥ Welches Zeichen passt nicht in die Folge?
Streiche es durch und setze die Folge fort.

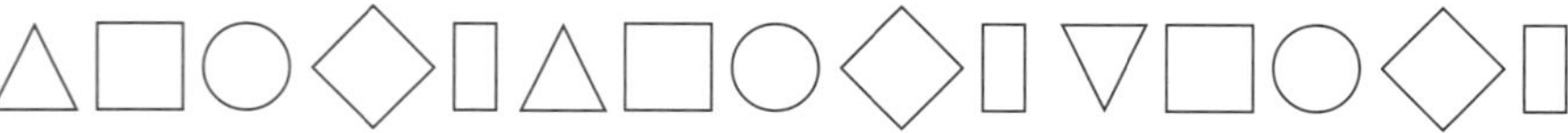

⑦

−	8	80	88
128			
246			
364			
482			
508			
680			

①

38		92
74		
	88	

②

	280	
340		550
510		

③

86		54
	17	
43	15	

④

	350	380
290	270	
		360

⑤

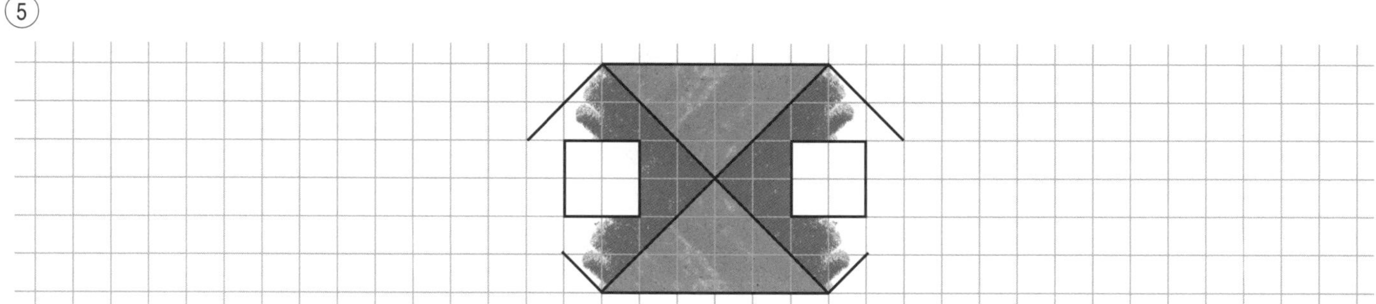

⑥

810 : 9 = _____ K: _______________

480 : 6 = _____ K: _______________

560 : 8 = _____ K: _______________

420 : 70 = _____ K: _______________

150 : 30 = _____ K: _______________

280 : 40 = _____ K: _______________

⑦

26 : 6 = _______ K: _______________

39 : 4 = _______ K: _______________

13 : 3 = _______ K: _______________

17 : 10 = _______ K: _______________

54 : 7 = _______ K: _______________

8 : 9 = _______ K: _______________

Finde den Lösungssatz.

Ä	B	C	D	E	G	H	I	L	N	O	R	S	Ä T
28	36	54	40	24	18	32	56	42	48	60	72	29	27

① $5 \cdot 8 =$ _____

② $240 : 10 =$ _____

③ $35 + 37 =$ _____

④ $6 \cdot 6 =$ _____

⑤ $102 - 46 =$ _____

⑥ $3 \cdot 6 =$ _____

⑦ _____ $: 4 = 9$

⑧ $6 \cdot 4 =$ _____

⑨ $17 + 31 =$ _____

⑩ $83 - 54 =$ _____

⑪ _____ $: 9 = 6$

⑫ $8 \cdot 4 =$ _____

⑬ $7 \cdot 6 =$ _____

⑭ $4 \cdot 7 =$ _____

⑮ $97 - 79 =$ _____

⑯ $3 \cdot 9 =$ _____

⑰ $21 + 35 =$ _____

⑱ $6 \cdot 8 =$ _____

⑲ $73 - 31 =$ _____

⑳ $4 \cdot 15 =$ _____

㉑ $13 + 35 =$ _____

㉒ $320 : 8 =$ _____

㉓ $5 \cdot 12 =$ _____

㉔ _____ $: 4 = 12$

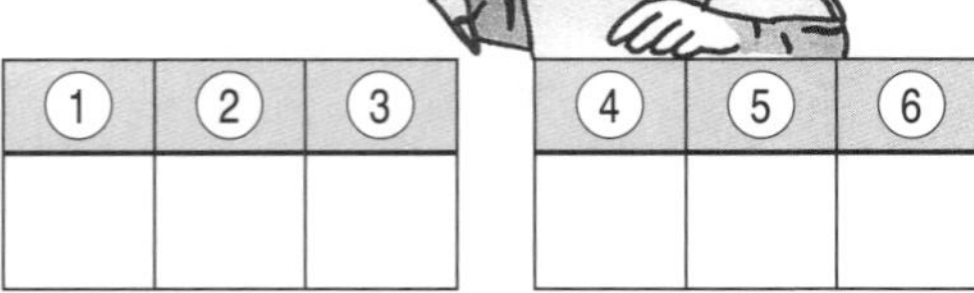

1	2	3		4	5	6		7	8	9

10	11	12	13	14	15	16		17	18		19	20	21	22	23	24

① Runde zu vollen Eurobeträgen.

0,74 € ≈ _______   12,80 € ≈ _______   211,91 € ≈ _______

8,09 € ≈ _______   70,71 € ≈ _______   550,50 € ≈ _______

1,60 € ≈ _______   58,13 € ≈ _______   349,49 € ≈ _______

0,49 € ≈ _______   24,54 € ≈ _______   100,62 € ≈ _______

③

+	4	44	444
57			
89			
208			
556			

② Runde zu vollen Zehner-Eurobeträgen.

76 € ≈ _______   63,85 € ≈ _______   135,25 € ≈ _______

14 € ≈ _______   2,79 € ≈ _______   707,07 € ≈ _______

141 € ≈ _______   17,17 € ≈ _______   260,52 € ≈ _______

950 € ≈ _______   80,80 € ≈ _______   600,99 € ≈ _______

④ Ordne den Rechnungen die Ergebnisse zu. Verwende dazu die Überschlagsrechnung.

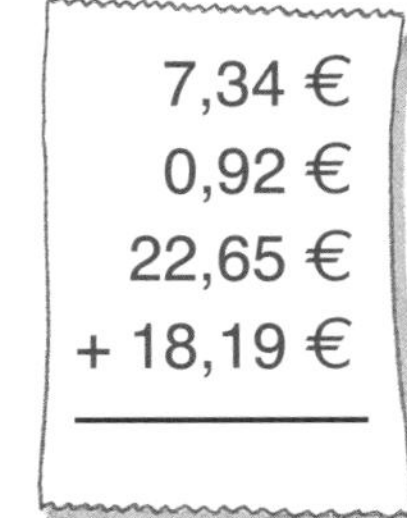

4,36 €	12,75 €	0,51 €	7,34 €
1,58 €	17,10 €	4,42 €	0,92 €
+ 2,13 €	+ 21,95 €	2,94 €	22,65 €
		+ 1,07 €	+ 18,19 €

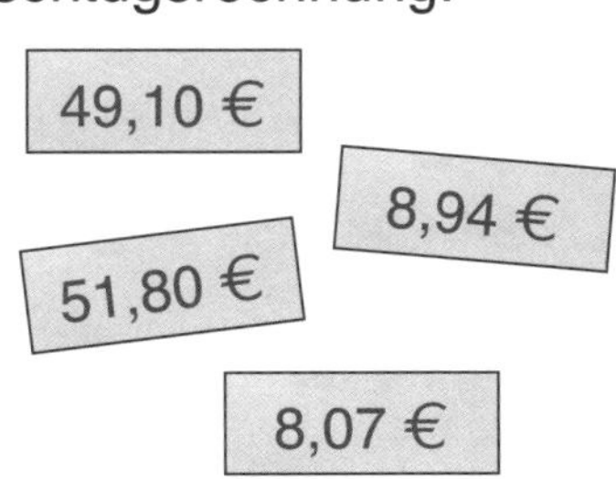

①
9 · 6 = _____
9 · 60 = _____

②
7 · 4 = _____
7 · 40 = _____

③
3 · 8 = _____
3 · 80 = _____

④
793 + 7 = _____
793 + 17 = _____
793 + 70 = _____

⑤
327 + 5 = _____
327 + 50 = _____
327 + 55 = _____

⑥
902 − 8 = _____
902 − 18 = _____
902 − 80 = _____

⑦
614 − 6 = _____
614 − 60 = _____
614 − 66 = _____

⑧ Runde zu vollen Eurobeträgen.

2,83 € ≈ _______   17,17 € ≈ _______

5,48 € ≈ _______   32,52 € ≈ _______

0,37 € ≈ _______   49,09 € ≈ _______

⑨ Runde zu vollen Zehner-Eurobeträgen.

84 € ≈ _______   107,02 € ≈ _______

12 € ≈ _______   240,50 € ≈ _______

55 € ≈ _______   91,99 € ≈ _______

⑩

·	6
20	
	300
40	
	180
70	
	480
90	

⑪

+	65
245	
	420
370	
	535
485	
	605
590	

1

28 : 9 = _______	K: _____________________
42 : 8 = _______	K: _____________________
54 : 7 = _______	K: _____________________
19 : 5 = _______	K: _____________________
23 : 3 = _______	K: _____________________
15 : 2 = _______	K: _____________________
107 : 10 = _______	K: _____________________

2 Die Summe in jeder Reihe und jeder Spalte ist immer 70. Ergänze die fehlenden Zahlen.

14		26	13
	16	24	
		15	25
38			12

3 Setze die richtigen Rechenzeichen ein.

35 ◯ 7 = 5   5 ◯ 4 = 20

35 ◯ 7 = 42   5 ◯ 4 = 1

35 ◯ 7 = 28   5 ◯ 4 = 9

280 = 210 ◯ 70   11 = 4 ◯ 7

3 = 210 ◯ 70   28 = 4 ◯ 7

140 = 210 ◯ 70   17 = 24 ◯ 7

4

$$
\begin{array}{r}
3\ \square\ 2 \\
+\ \square\ 5\ \square \\
\hline
5\ 7\ 9
\end{array}
\qquad
\begin{array}{r}
\square\ 3\ \square \\
+\ 2\ \square\ 1 \\
\hline
3\ 6\ 5
\end{array}
\qquad
\begin{array}{r}
3\ \square\ 7 \\
+\ 2\ 3\ \square \\
\hline
\square\ 9\ 4
\end{array}
$$

$$
\begin{array}{r}
3\ 8\ \square \\
2\ \square\ 4 \\
+\ 4\ 5\ 6 \\
\hline
\square\ \square\ 4\ 0
\end{array}
\qquad
\begin{array}{r}
4\ 1\ 0 \\
1\ \square\ 2 \\
+\ 3\ 4\ \square \\
\hline
\square\ 9\ 5
\end{array}
\qquad
\begin{array}{r}
9\ 7 \\
1\ 3\ \square \\
+\ 5\ \square\ 6 \\
\hline
\square\ 6\ 5
\end{array}
$$

① Finde die Fehler und schreibe die Rechnungen richtig daneben.

```
    2 1 4, 2 5 €              4 4, 0 9 €
+ 1 3 5, 3 4 €           + 3 7 8, 5 6 €
_______________            1 1 1
    3 4 9, 8 6 €          _______________
                           4 2 3, 5 5 €

    1 4 7, 1 5 €              2 3 4, 8 9 €
        2 2, 9 4 €              1 2, 1 5   €
+ 3 1 1, 1 2 €           + 5 0 9, 9 9 €
_______________              1 2 1
    4 7 0, 1 1 €          _______________
                           8 6 6, 3 8 €
```

② Schreibe zu jedem Ergebnis drei verschiedene Malaufgaben auf.

12 = 3 · 4	18 = _________
12 = _________	18 = _________
12 = _________	18 = _________
24 = _________	36 = _________
24 = _________	36 = _________
24 = _________	36 = _________

③

·	9	50	2	70	8	30
3						
7						
4						
6						
8						

①

| · 8 | · 3 | : 2 | : 6 | · 4 | : 5 |

5 →_____ →_____ →_____ →_____ →_____ →_____

②

| · 60 | : 2 | : 70 | · 60 | : 9 | · 50 |

7 →_____ →_____ →_____ →_____ →_____ →_____

③

| · 20 | : 4 | · 6 | : 30 | · 70 | : 2 |

8 →_____ →_____ →_____ →_____ →_____ →_____

④

+	50		35	
275		340		465
	110			
430				
	795			
555				
	810			

⑤ Schreibe zu jedem Ergebnis drei verschiedene Divisionsaufgaben.

8 = 56 : 7   6 = _________   4 = _________

8 = _________   6 = _________   4 = _________

8 = _________   6 = _________   4 = _________

7 = _________   3 = _________   9 = _________

7 = _________   3 = _________   9 = _________

7 = _________   3 = _________   9 = _________

① Merke:

1 m = _______ cm

$\frac{3}{4}$ m = _______ cm

$\frac{1}{4}$ m = _______ cm

$\frac{1}{2}$ m = _______ cm

② Verdopple die Längenangaben.

205 cm ⟶ __________

3 m 25 cm ⟶ __________

515 cm ⟶ __________

$\frac{3}{4}$ m ⟶ __________

③ Halbiere die Längenangaben.

$\frac{1}{2}$ m ⟶ __________

126 mm ⟶ __________

3 m 50 cm ⟶ __________

$\frac{3}{4}$ m ⟶ __________

④ Ordne der Größe nach.

3,02 m   2 m 3 cm   30 cm   230 cm

_______ < _______ < _______ < _______

⑤ Ordne der Größe nach.

10 mm   10 cm   110 mm   1 cm 1 mm

_______ > _______ > _______ > _______

⑥ Wie lang sind die Längen zusammen?

$\frac{3}{4}$ m und 1 m 50 cm:

____

840 cm und $1\frac{1}{4}$ m:

____

750 cm und $1\frac{3}{4}$ m:

____

⑦ Ergänze zu 1 m.

87 cm + _______

12 cm + _______

2 cm + _______

710 mm + _______

990 mm + _______

⑧ Ergänze zu einem $\frac{1}{2}$ m.

23 cm + _______

49 cm 4 mm + _______

8 cm + _______

50 mm + _______

300 mm + _______

① Ordne die Längenangaben zu.

7 mm	Dicke einer 1-Euromünze: __________
130 cm	Höhe der Tafel: __________
1 m	Dicke eines Bleistiftes: __________
2 mm	Größe eines Kindes: __________

② Setze ein: >, <, =.

905 mm ⬤ 9,50 m

9 cm 5 mm ⬤ 950 cm

0,95 m ⬤ 950 mm

95 cm ⬤ 95 mm

Wandle in geeignete Maßeinheiten um und rechne schriftlich.

③ 649 cm + 1 m 30 cm + 3,88 m

④ 0,80 m + 57 cm + 2 m 2 cm

⑤ 4,06 m + 3 m 29 cm + 5 cm

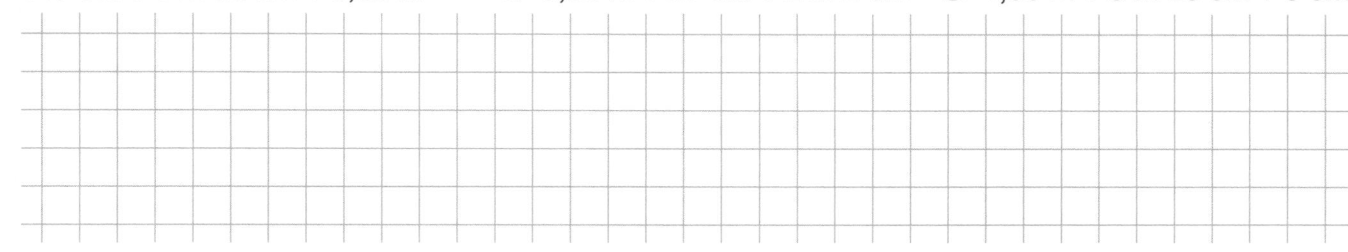

⑥ 836 cm − 3 m 75 cm

⑦ 6,04 m − 187 cm

⑧ 9 m 30 cm − 4,08 m

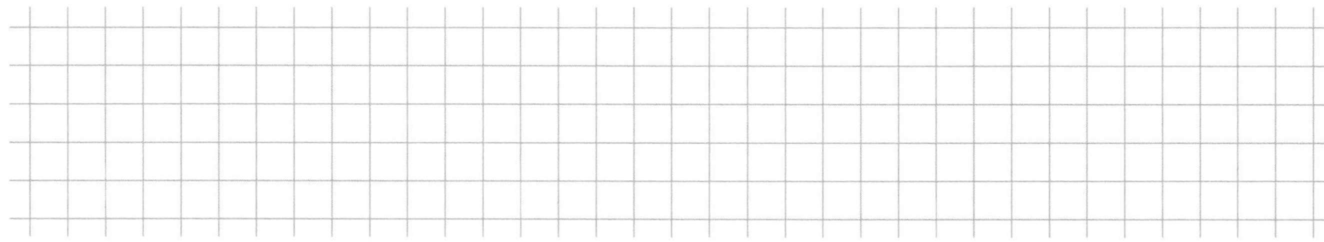

① Dividiere 54 durch 6 und das Ergebnis durch 3.

② Dividiere 48 durch 8. Multipliziere das Ergebnis mit 4 und dividiere dieses Ergebnis durch 3.

③ Multipliziere 6 mit 6. Dividiere das Ergebnis durch 9. Addiere dann 24. Dividiere dieses Ergebnis dann noch durch 7.

④ Dividiere 81 durch 9, subtrahiere 4, multipliziere dann mit 10 und addiere zum Schluss 50.

⑤ 48 + 48 = _____
57 + 57 = _____
69 + 69 = _____
76 + 76 = _____

⑥ 92 − 37 = _____
83 − 54 = _____
75 − 46 = _____
65 − 29 = _____

⑦ 256 + 256 = _____
439 + 439 = _____
397 + 397 = _____
198 + 198 = _____

⑧ 307 − 296 = _____
502 − 489 = _____
404 − 377 = _____
601 − 510 = _____

Finde den Lösungssatz.

A	C	D	E	F	H	I	M	N	O	P	R	S	T	U	W
8	50	4	60	7	40	5	90	6	20	3	70	2	30	9	80

1. $18 + 62 =$ _____
2. $240 : 30 =$ _____
3. $144 - 74 =$ _____
4. $100 : 50 =$ _____
5. $5 \cdot 6 =$ _____
6. $280 : 70 =$ _____
7. $48 - 39 =$ _____
8. $301 - 299 =$ _____

9. $150 : 3 =$ _____
10. $8 \cdot 5 =$ _____
11. $175 - 155 =$ _____
12. $48 : 8 =$ _____
13. $394 - 386 =$ _____
14. $63 : 7 =$ _____
15. $805 - 798 =$ _____
16. $200 : 50 =$ _____

17. $4 \cdot 15 =$ _____
18. $540 : 6 =$ _____
19. $501 - 498 =$ _____
20. $350 : 5 =$ _____
21. $640 : 80 =$ _____
22. $15 \cdot 2 =$ _____
23. $420 : 7 =$ _____
24. $22 + 48 =$ _____

25. $904 - 899 =$ _____
26. $360 : 60 =$ _____
27. $560 : 7 =$ _____
28. $1 \cdot 5 =$ _____
29. $632 - 572 =$ _____
30. $18 : 3 =$ _____

1	2	3	4	5

6	7

8	9	10	11	12

13	14	15

16	17	18

19	20	21	22	23	24

25	26

27	28	29	30	
				?

1

318	542	865	913	648
◯	+ 18	◯	− 15	◯
325		856		684
◯	− 16	◯	+ 18	◯
320		879		486
◯	+ 19	◯	− 27	◯
327		863		468

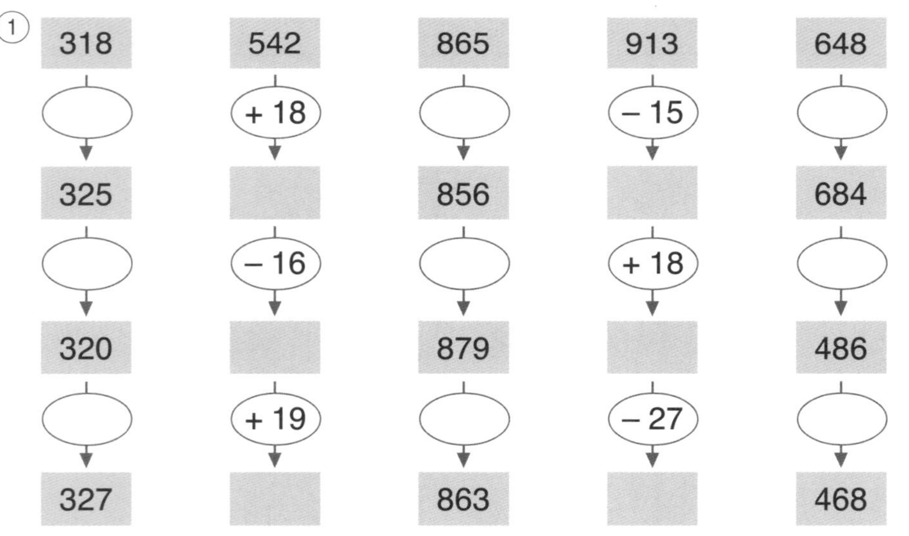

2

Ich denke mir eine Zahl. Wenn ich sie verdopple, ist sie halb so groß wie 100. Die Zahl heißt:

______ .

3

Das Dreifache von 7 ist 21.

Das Doppelte von 9 ist ______ .

Das Vierfache von 6 ist ______ .

Das Siebenfache von 4 ist ______ .

Das Neunfache von 0 ist ______ .

4

Das Sechsfache von 5 ist ______ .

Das Achtfache von 3 ist ______ .

Das Fünffache von 8 ist ______ .

Das Zehnfache von 1 ist ______ .

Das Zweifache von 10 ist ______ .

①

180	220	
330		550
510		

②

	350	340
490	150	
	200	

③ Ordne nach der Größe.

4,48 m   4 m 8 cm   48 cm   484 cm

________ < ________ < ________ < ________

④

·	3	6	5	8	4	0	9	7
2								
6								
8								

⑤ Finde die Regel und setze fort.

$9 \cdot 4 + 1 =$ _______ $2 \cdot 7 - 5 =$ _______

$8 \cdot 4 + 3 =$ _______ $4 \cdot 7 - 10 =$ _______

$7 \cdot 4 + 5 =$ _______ $6 \cdot 7 - 15 =$ _______

________________   ________________

________________   ________________

⑥ $320 : 4 =$ _______   **⑦** $48 : 8 =$ _______

$320 : 40 =$ _______ $480 : 8 =$ _______

$32 : 4 =$ _______ $480 : 80 =$ _______

①
407 – _____ = 396
524 – _____ = 494
198 – _____ = 189
635 – _____ = 585
283 – _____ = 184
760 – _____ = 706
949 – _____ = 899
851 – _____ = 715

②
813 – 6 = _____
202 – 9 = _____
574 – 7 = _____
180 – 3 = _____
745 – 4 = _____
369 – 2 = _____
621 – 5 = _____
958 – 1 = _____

③
39 : 4 = _______   K: __________
48 : 7 = _______   K: __________
27 : 6 = _______   K: __________
54 : 8 = _______   K: __________
32 : 3 = _______   K: __________
64 : 7 = _______   K: __________
45 : 5 = _______   K: __________
5 : 6 = _______   K: __________

④

:	4	40	6	60	3	30
240						
480						
180		✕				
360						
120						

⑤ Male gleiche Figuren mit gleicher Farbe an.

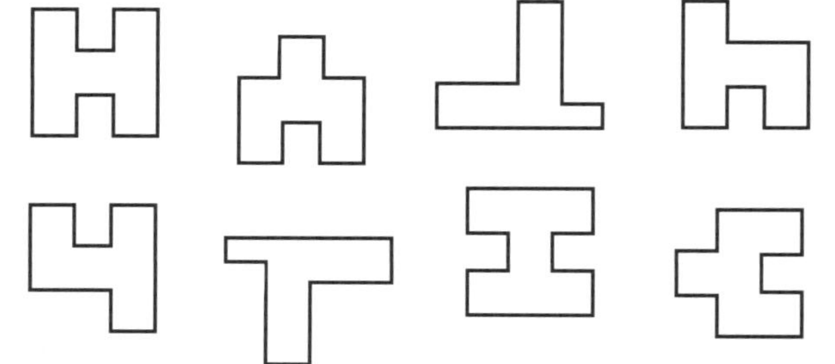

1

–	7	70	370
900			
861			
705			
593			
482			
373			
690			
1 000			
554			

2

63 : 8 = _______ K: _____________________

37 : 7 = _______ K: _____________________

19 : 9 = _______ K: _____________________

41 : 6 = _______ K: _____________________

24 : 5 = _______ K: _____________________

54 : 7 = _______ K: _____________________

3

32 : ___ = 5 R 2 K: _____________________

58 : ___ = 9 R 4 K: _____________________

27 : ___ = 3 R 6 K: _____________________

49 : ___ = 6 R 1 K: _____________________

69 : ___ = 8 R 5 K: _____________________

26 : ___ = 2 R 8 K: _____________________

4

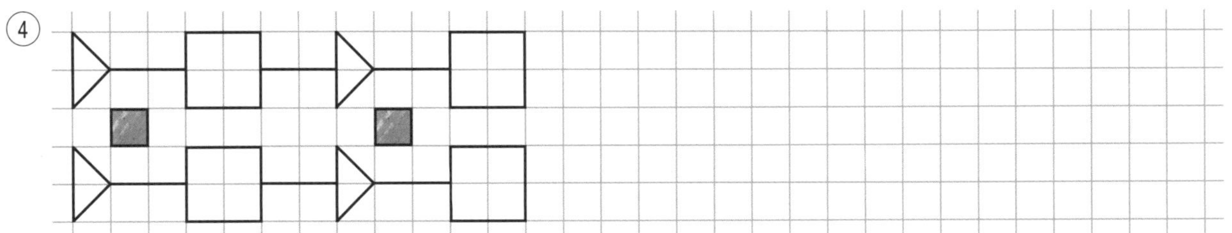

① 59 : 7 = _______ K: _____________________

16 : 6 = _______ K: _____________________

28 : 8 = _______ K: _____________________

53 : 6 = _______ K: _____________________

38 : 8 = _______ K: _____________________

19 : 2 = _______ K: _____________________

24 : 5 = _______ K: _____________________

78 : 10 = _______ K: _____________________

17 : 3 = _______ K: _____________________

6 : 9 = _______ K: _____________________

② Spiegle die Figur an der Symmetrieachse.

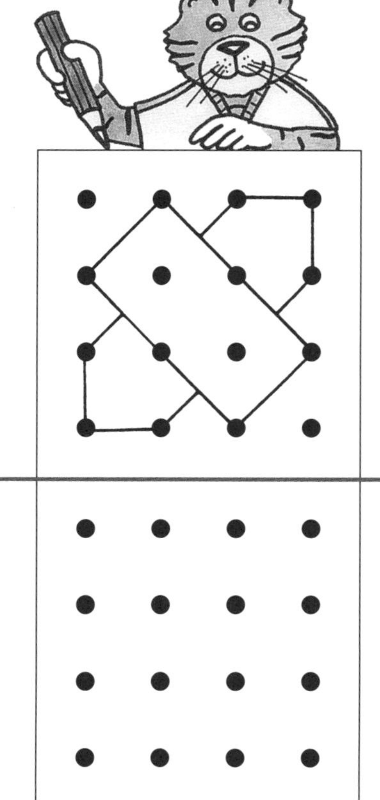

③ 428 + _______ = 500

754 + _______ = 800

163 + _______ = 200

333 + _______ = 400

807 + _______ = 900

260 + _______ = 640

580 + _______ = 850

④ 600 − _______ = 537

200 − _______ = 103

800 − _______ = 744

500 − _______ = 486

300 − _______ = 275

730 − _______ = 360

470 − _______ = 290

1

```
   4 3 6          □ □ □         5 □ 3          6 □ 5
-  □ □ □       -    8 8      -    9 □       -  □ 8 □
  ───────       ───────        ───────        ───────
   1 7 9          2 7 6        □ 3 7          3 8 8


   □ 6 7          8 0 □         9 0 □          7 □ 4
-  1 □ 3       -  4 □ 9      -  3 □ 7       -  □ 1 6
  ───────       ───────        ───────        ───────
   1 7 □          □ 8 7        □ 7 3          3 9 □
```

2

·	3	6	4	8
2				
4				
9				
7				
5				
10				
1				
6				

Setze passende Zeichen (+, −, ·, :, =) ein.

3

450 ⬤ 90 ⬤ 5

7 ⬤ 40 ⬤ 280

80 ⬤ 70 ⬤ 50 ⬤ 3

420 ⬤ 6 ⬤ 130 ⬤ 60

70 ⬤ 7 ⬤ 0 ⬤ 490

4

60 ⬤ 360 ⬤ 6

240 ⬤ 3 ⬤ 80

160 ⬤ 20 ⬤ 4 ⬤ 2

3 ⬤ 30 ⬤ 540 ⬤ 6

750 ⬤ 550 ⬤ 600 ⬤ 3

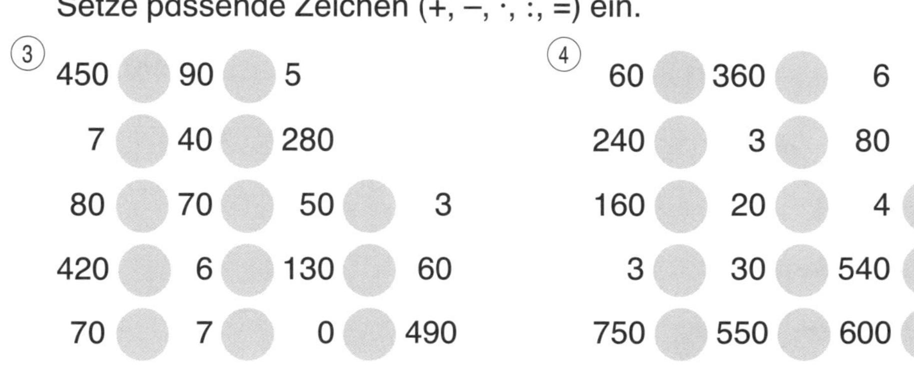

① Schreibe zu jedem Ergebnis drei verschiedene Malaufgaben auf.

$40 = 4 \cdot 10$ $48 =$ __________

$40 =$ __________ $48 =$ __________

$40 =$ __________ $48 =$ __________

$60 =$ __________ $72 =$ __________

$60 =$ __________ $72 =$ __________

$60 =$ __________ $72 =$ __________

② Ergänze.

$\frac{3}{4}$ km	
340 m	
	695 m
104 m	
	750 m
95 m	
	374 m
452 m	
	500 m

$\frac{1}{4}$ km	
	125 m
85 m	
	238 m
175 m	
	9 m
206 m	
	57 m
12 m	

④

$200 + 50 +$ _______ $= 400$

$600 - 120 -$ _______ $= 70$

$340 + 90 +$ _______ $= 520$

$880 - 360 -$ _______ $= 290$

$150 + 470 -$ _______ $= 330$

③

① Merke:

1 km = _______ m

$\frac{3}{4}$ km = _______ m

$\frac{1}{4}$ km = _______ m

$\frac{1}{2}$ km = _______ m

② Verdopple die Längenangaben.

305 m ⟶ _____________

2 km 250 m ⟶ _____________

515 m ⟶ _____________

$\frac{3}{4}$ km ⟶ _____________

③ Halbiere die Längenangaben.

$\frac{1}{2}$ km ⟶ _____________

720 m ⟶ _____________

3 km 500 m ⟶ _____________

$\frac{3}{4}$ km ⟶ _____________

④ Ordne der Größe nach.

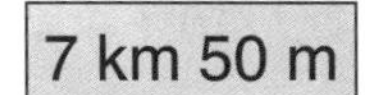

750 m   7 km 50 m   20 m   2 km

_______ < _______ < _______ < _______

⑤ Ordne der Größe nach.

110 m   6 km 60 m   10 km   6 006 m

_______ > _______ > _______ > _______

⑥ Schreibe auf zwei weitere Arten.

7,513 km = _____________ = _____________

4 km 391 m = _____________ = _____________

5 050 m = _____________ = _____________

6 km 4 m = _____________ = _____________

209 m = _____________ = _____________

0,001 km = _____________ = _____________

⑦ Wie lang sind die Längen zusammen?

$\frac{3}{4}$ km und 1 km 500 m:

____

940 m und $1\frac{1}{4}$ km:

____

750 m und $1\frac{3}{4}$ km:

____

① Ordne die Längenangaben zu.

0,001 km	Klassenzimmer _______
0,100 km	Höhe der Tafel _______
0,010 km	Busfahrt _______
10,000 km	Fußballfeld _______

② Setze ein: >, <, =.

4 005 m ◯ 4,500 km   450 m ◯ 0,450 km

4 km 50 m ◯ 4 500 m   40 km 5 m ◯ 4 050 m

0,045 km ◯ 0 km 45 m   40,050 km ◯ 4 505 m

Wandle in geeignete Maßeinheiten um und rechne schriftlich.

③ 3 809 m + 5 km 60 m + 1,444 km   **④** 0,700 km + 58 m + 6 008 m   **⑤** 1,080 km + 4 km 29 m + 2 km

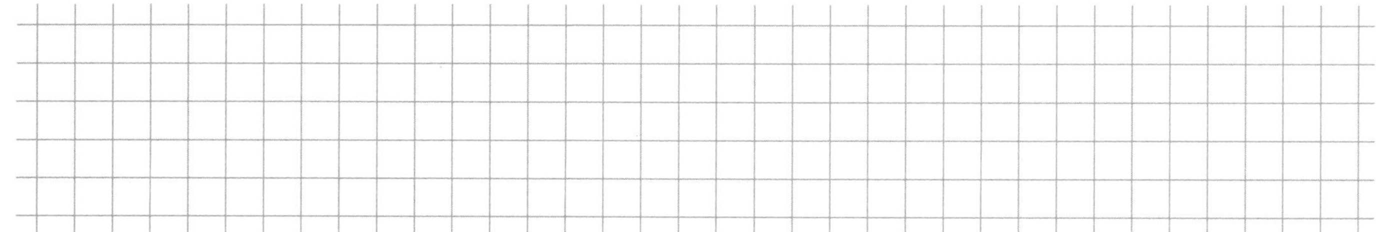

⑥

7		60		6
60	8		70	
420	640	540	560	480

⑦

320		180	450	
80	30			7
4	8	90	5	40

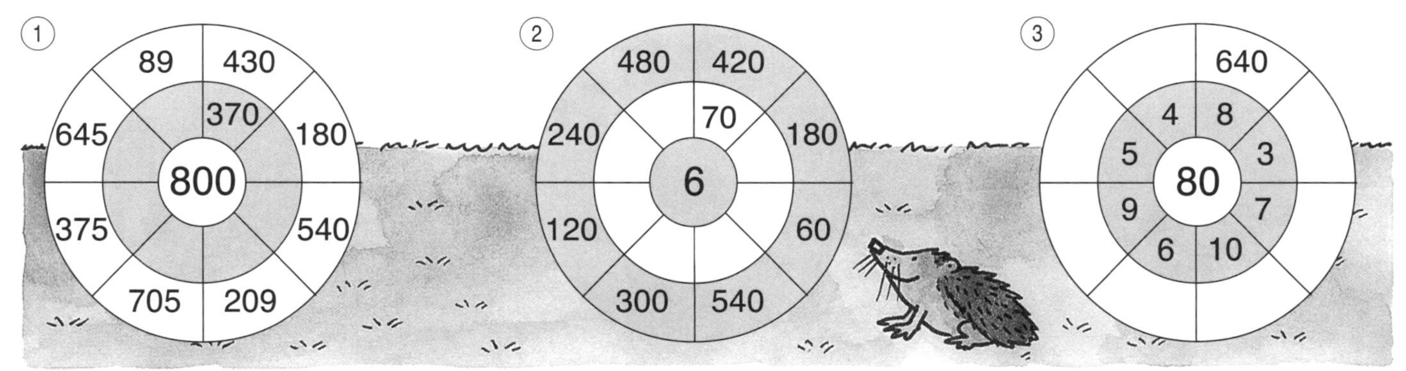

1 89 · 430 · 370 · 180 · 540 · 209 · 705 · 375 · 645 · 800

2 480 · 420 · 70 · 180 · 60 · 540 · 300 · 120 · 240 · 6

3 640 · 4 · 8 · 3 · 7 · 10 · 6 · 9 · 5 · 80

4

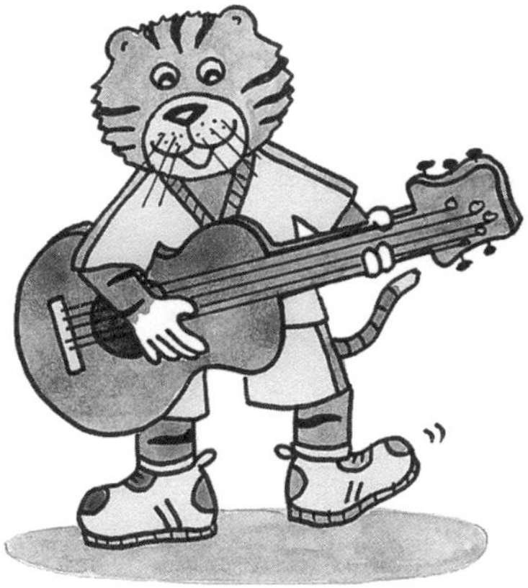

① 4 · 9 = _______
4 · 90 = _______

② 60 · 3 = _______
6 · 30 = _______

③ 8 · 40 = _______
80 · 4 = _______

④

·	9	2	6
3			
5			
8			
4			
7			

⑤ 56 : 7 = _______
560 : 7 = _______
560 : 70 = _______

⑥ 24 : 4 = _______
240 : 40 = _______
240 : 4 = _______

⑦ 27 : 3 = _______
270 : 3 = _______
270 : 30 = _______

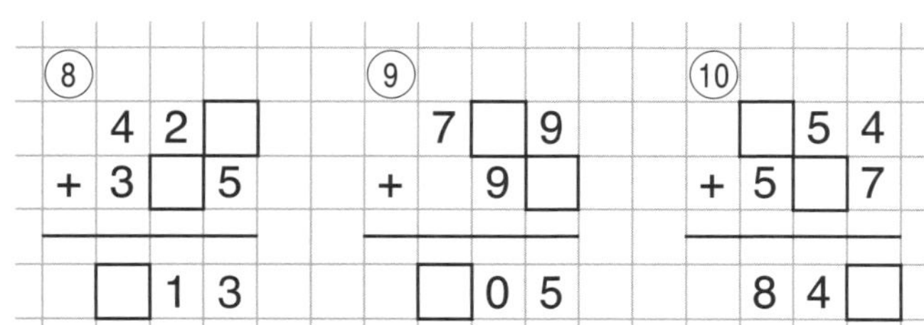

⑧
```
  4 2 ☐
+ 3 ☐ 5
-------
☐ 1 3
```

⑨
```
  7 ☐ 9
+   9 ☐
-------
☐ 0 5
```

⑩
```
  ☐ 5 4
+ 5 ☐ 7
-------
8 4 ☐
```

⑪ Ordne der Größe nach.

3,050 km   3 km 5 m   3 500 m

_______ < _______ < _______

⑫ 52 : 6 = _____________
28 : 8 = _____________
62 : 7 = _____________
49 : 9 = _____________

820 m   8 km 20 m   0,802 km

_______ > _______ > _______

1

+	7	70	370
400			
231			
605			
97			
358			
9			
590			
0			
162			

2

$\cdot\,8$ — $+26$ — $:3$ — -13 — $\cdot\,6$ — $+60$ — $:40$ — -35 — $\cdot\,4$

$:7$ — -45 — 11 — $\cdot\,6$ — $+109$ — $:3$ — -118 — $\cdot\,9$ — $+178$ — $:20$

$\cdot\,5$ — $+58$ — $:3$ — -26 — $\cdot\,7$ — 40 — -22 — $:6$ — -9 — $\cdot\,8$

-18 — $+258$ — -277 — 3 — $+69$

1

−	9	19	219
920			
802			
758			
691			
543			
435			
374			
226			

2 Wie hoch ist der Restbetrag?

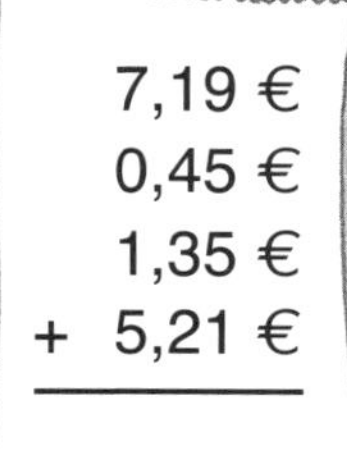

$$
\begin{aligned}
7{,}19\ \text{€}&\\
0{,}45\ \text{€}&\\
1{,}35\ \text{€}&\\
+\ 5{,}21\ \text{€}&\\
\hline
\end{aligned}
$$

Bezahlt
mit 15 €

Zurück: ___________

$$
\begin{aligned}
14{,}10\ \text{€}&\\
3{,}75\ \text{€}&\\
28{,}98\ \text{€}&\\
+\ 2{,}89\ \text{€}&\\
\hline
\end{aligned}
$$

Bezahlt
mit 50 €

Zurück: ___________

$$
\begin{aligned}
0{,}89\ \text{€}&\\
3{,}99\ \text{€}&\\
37{,}09\ \text{€}&\\
+\ 52{,}67\ \text{€}&\\
\hline
\end{aligned}
$$

Bezahlt
mit 100 €

Zurück: ___________

3

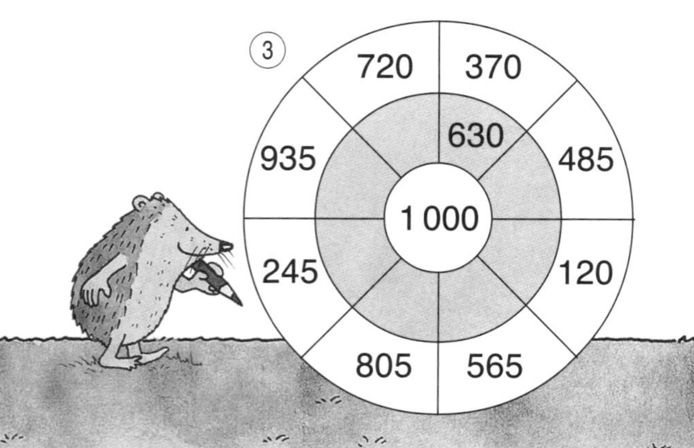

4

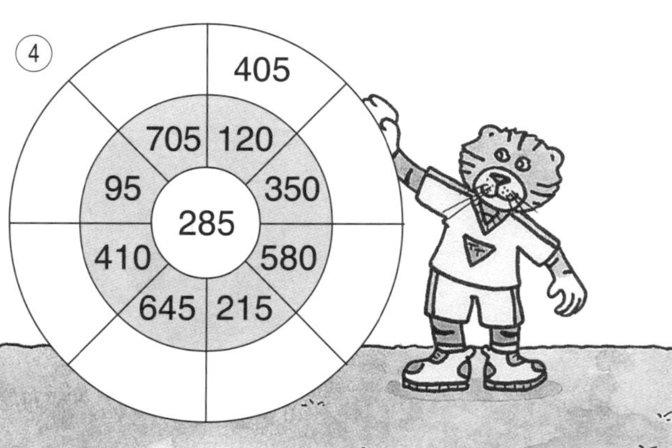

Finde den Lösungssatz.

A	Ä	B	C	D	E	F	G	H	I	N	R	S	T
630	540	240	480	360	60	600	450	320	180	120	160	234	1 000

① 6 · 30 = ______

② 240 : 2 = ______

③ 198 + 42 = ______

④ 12 · 5 = ______

⑤ 236 − 76 = ______

⑥ 40 · 3 = ______

⑦ 127 + 113 = ______

⑧ 540 : 9 = ______

⑨ 499 + 101 = ______

⑩ 9 · 20 = ______

⑪ 360 : 3 = ______

⑫ 188 + 172 = ______

⑬ 480 : 8 = ______

⑭ 353 + 647 = ______

⑮ 613 − 379 = ______

⑯ 2 · 90 = ______

⑰ 120 · 4 = ______

⑱ 960 : 3 = ______

⑲ 40 · 9 = ______

⑳ 12 + 48 = ______

㉑ 67 + 93 = ______

㉒ 728 − 488 = ______

㉓ 90 · 6 = ______

㉔ 320 : 2 = ______

㉕ 600 : 10 = ______

㉖ 30 · 4 = ______

㉗ 154 + 296 = ______

㉘ 829 − 669 = ______

㉙ 9 · 70 = ______

㉚ 720 : 3 = ______

㉛ ______ · 4 = 240

㉜ 240 : 2 = ______

①	②		③	④	⑤	⑥		⑦	⑧	⑨	⑩	⑪	⑫	⑬	⑭		⑮	⑯	⑰	⑱

⑲	⑳	㉑		㉒	㉓	㉔	㉕	㉖	㉗	㉘	㉙	㉚	㉛	㉜	
															.

(1)

·	60	2	62
3			
5			
7			

(2)

·	80	4	84
4			
6			
8			

(3)

·	20	7	27
2			
5			
9			

(4)

·	90	8	98
4			
7			
3			

(5)
$5 \cdot 7 =$ _______
$5 \cdot 10 =$ _______
$5 \cdot 17 =$ _______
$5 \cdot 70 =$ _______
$5 \cdot 77 =$ _______

$5 \cdot 100 =$ _______
$5 \cdot 107 =$ _______
$5 \cdot 117 =$ _______
$5 \cdot 170 =$ _______
$5 \cdot 177 =$ _______

(6)
$4 \cdot 9 =$ _______
$4 \cdot 10 =$ _______
$4 \cdot 19 =$ _______
$4 \cdot 90 =$ _______
$4 \cdot 99 =$ _______

$4 \cdot 100 =$ _______
$4 \cdot 109 =$ _______
$4 \cdot 119 =$ _______
$4 \cdot 190 =$ _______
$4 \cdot 199 =$ _______

(7) Setze ein: >, <, =.

$4 \cdot 17$  $8 \cdot 12$
$6 \cdot 12$ ⬤ $8 \cdot 9$
$19 \cdot 3$ ⬤ $4 \cdot 15$
$6 \cdot 15$ ⬤ $72 + 29$
$87 + 58$ ⬤ $360 : 3$

$60 : 6$  $56 : 8$
$5 \cdot 80$ ⬤ $70 \cdot 9$
$16 \cdot 5$ ⬤ $160 : 2$
$4 \cdot 13$ ⬤ $300 - 234$
$193 - 104$ ⬤ $240 : 3$

(8) Ergänze symmetrisch.

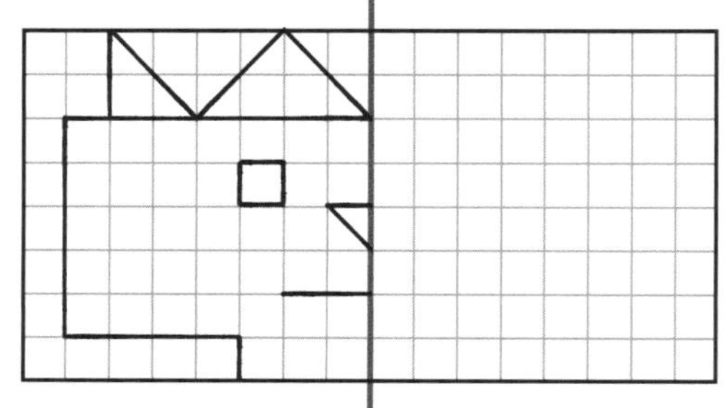

① 98 : 7 = _____
70 : 7 = _____
28 : 7 = _____

② 96 : 8 = _____

③ 72 : 4 = _____

④ 84 : 6 = _____

⑤ 45 : 3 = _____

⑥ 104 : 4 = _____

⑦ 87 : 3 = _____

⑧ 156 : 6 = _____

⑨ 207 : 9 = _____

⑩ 256 : 8 = _____

⑪ _____ + 797 = 806
_____ + 399 = 511
_____ + 693 = 727
_____ + 488 = 519

⑫ 427 − 35 = _____
843 − 62 = _____
546 − 98 = _____
219 − 84 = _____

⑬

+	9	29	329	7	57	557
427						
293						
106						

⑭

	380	500
190		420

⑮

150		350
210		600

⑯

		275
125	185	
	360	

⑰

		380
	215	
435		1 000

① 75 : 5 = ____

② 48 : 3 = ____

③ 90 : 6 = ____

④ 98 : 7 = ____

⑤ 162 : 9 = ____

Finde die Regel und setze fort.

⑥
$5 \cdot 3 + 1 =$ ____
$6 \cdot 3 + 2 =$ ____
$7 \cdot 3 + 3 =$ ____

⑦
$8 \cdot 7 - 9 =$ ____
$7 \cdot 7 - 8 =$ ____
$6 \cdot 7 - 7 =$ ____

⑧
$2 \cdot 6 + 3 =$ ____
$4 \cdot 6 + 6 =$ ____
$6 \cdot 6 + 9 =$ ____

⑨
$3 \cdot 5 - 10 =$ ____
$6 \cdot 5 - 20 =$ ____
$9 \cdot 5 - 30 =$ ____

⑩
$5 \cdot 2 + 10 =$ ____
$10 \cdot 2 + 15 =$ ____
$15 \cdot 2 + 20 =$ ____

⑪ Ich denke mir einen Körper. Er hat sechs gleich große Flächen.

Es ist ____________.

⑫ Ich denke mir einen Körper. Er hat eine runde Grundfläche und eine Spitze.

Es ist ____________.

⑬ Ich denke mir einen Körper. Eine Fläche ist ein Quadrat, die anderen Flächen sind Dreiecke.

Es ist ____________.

①

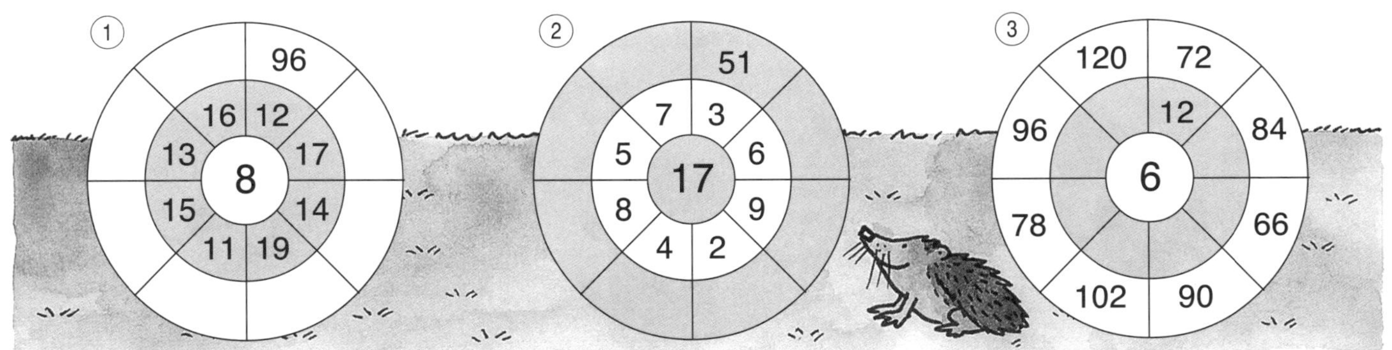

④

_____ · 4 = 92

_____ · 5 = 95

_____ · 2 = 54

_____ · 7 = 91

_____ · 10 = 160

⑤

_____ · 6 = 78

_____ · 3 = 42

_____ · 8 = 104

_____ · 9 = 171

_____ · 1 = 230

⑥

450 : _____ = 5

320 : _____ = 8

560 : _____ = 7

280 : _____ = 4

630 : _____ = 9

⑦

240 : ___ = 80

140 : ___ = 20

480 : ___ = 60

350 : ___ = 70

540 : ___ = 90

⑧

_____ : 17 = 4

_____ : 14 = 8

_____ : 15 = 6

_____ : 18 = 3

_____ : 13 = 5

⑨ Sind das Körpernetze, ja oder nein? Kreuze an.

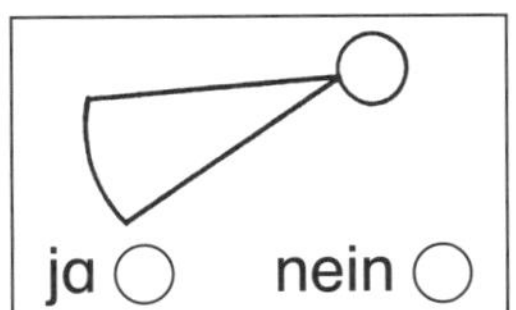
ja ◯   nein ◯

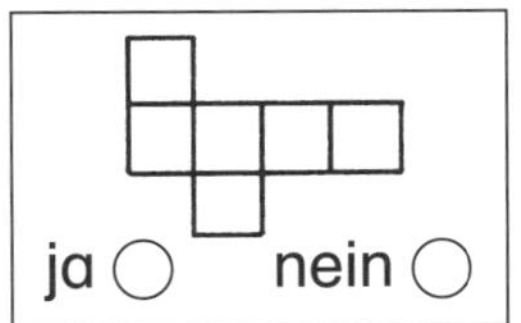
ja ◯   nein ◯

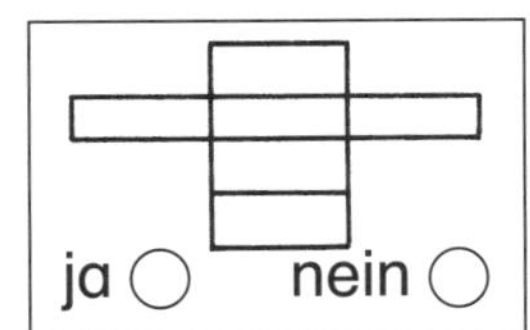
ja ◯   nein ◯

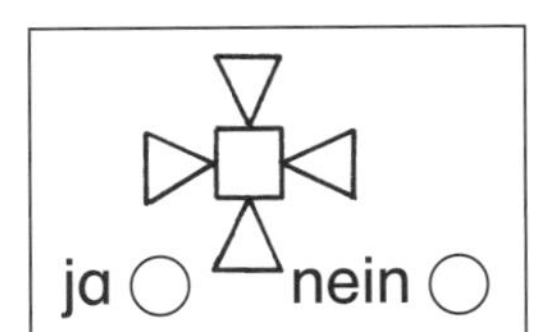
ja ◯   nein ◯

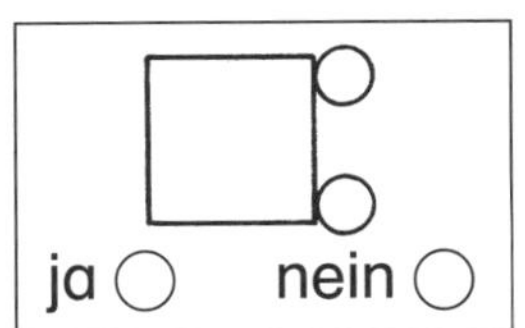
ja ◯   nein ◯

① Zeichne die Zeiger ein und ergänze die Uhrzeiten.

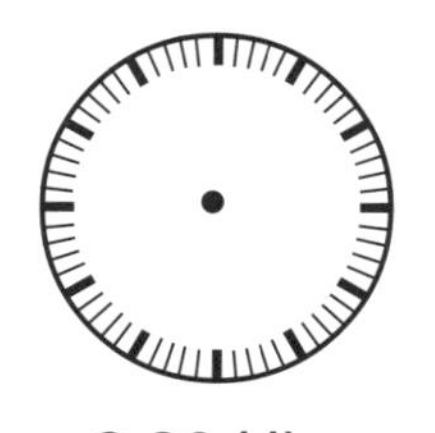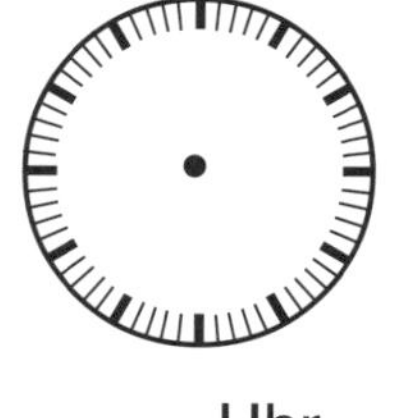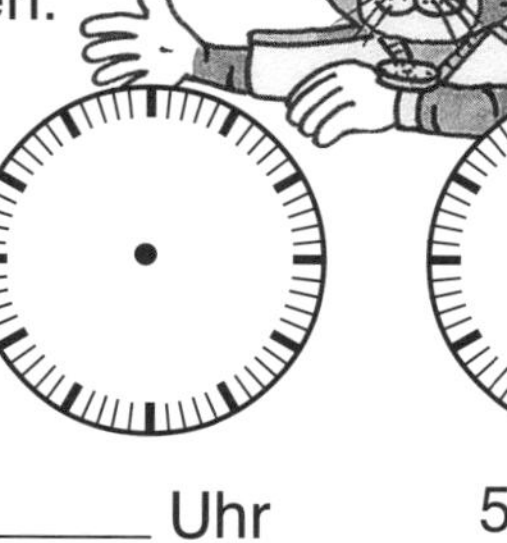

8.36 Uhr   _____ Uhr   1.42 Uhr   _____ Uhr   5.07 Uhr   _____ Uhr

_____ Uhr   22.22 Uhr   _____ Uhr   18.51 Uhr   _____ Uhr   12.18 Uhr

② Bestimme das Datum.

Heute ist Freitag, der 13. Juni.

Vor vier Tagen war ________________, der __________.

Übermorgen ist ________________, der __________.

Vor 14 Tagen war ________________, der __________.

③
$9 \cdot 9 =$ _____
_____ $\cdot 9 = 27$
$10 \cdot 9 =$ _____
_____ $\cdot 9 = 63$

④
_____ $\cdot 7 = 14$
$6 \cdot 7 =$ _____
_____ $\cdot 7 = 28$
$9 \cdot 7 =$ _____

⑤
$6 \cdot 6 =$ _____
_____ $\cdot 6 = 18$
$5 \cdot 6 =$ _____
_____ $\cdot 6 = 60$

⑥
_____ $\cdot 8 = 8$
$4 \cdot 8 =$ _____
_____ $\cdot 8 = 48$
$5 \cdot 8 =$ _____

⑦
$3 \cdot 5 =$ _____
_____ $\cdot 5 = 45$
$6 \cdot 5 =$ _____
_____ $\cdot 5 = 35$

①

$$\begin{array}{cccc} & 8 & 4 & \square \\ - & \square & 3 & 1 \\ \hline & 3 & \square & 5 \end{array}$$

$$\begin{array}{cccc} & 7 & \square & 4 \\ - & \square & 8 & \square \\ \hline & 3 & 3 & 9 \end{array}$$

$$\begin{array}{cccc} \square & 0 & \square \\ - \ 5 & 1 & 3 \\ \hline \square & 7 \end{array}$$

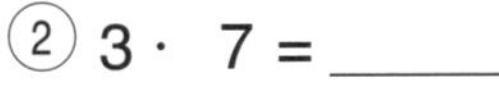

②

$3 \cdot 7 = $ ______

$3 \cdot 17 = $ ______

$3 \cdot 70 = $ ______

$3 \cdot 77 = $ ______

$6 \cdot 8 = $ ______

$16 \cdot 8 = $ ______

$60 \cdot 8 = $ ______

$66 \cdot 8 = $ ______

$4 \cdot 5 = $ ______

$4 \cdot 50 = $ ______

$4 \cdot 55 = $ ______

$4 \cdot 105 = $ ______

③

$497 + 13 = $ _____

$302 + 7 = $ _____

$698 + 6 = $ _____

$513 - 17 = $ _____

$806 - 8 = $ _____

$175 - 7 = $ _____

④

_____ $ + 379 = 410$

_____ $ + 503 = 509$

_____ $ + 799 = 805$

_____ $ - 493 = 8$

_____ $ - 605 = 7$

_____ $ - 891 = 10$

⑤

$128 : 8 = $ __________

____

____

$162 : 9 = $ __________

____

____

⑥

$\cdot$	30	90
8		
6		
4		
7		
5		

1 Merke:

1 min = _______ s

$\frac{3}{4}$ min = _______ s

$\frac{1}{4}$ min = _______ s

$\frac{1}{2}$ min = _______ s

2 Verdopple die Zeitangaben.

7 min ⟶ _______ s

2 min 30 s ⟶ _______ min

240 s ⟶ _______ min

$\frac{3}{4}$ min ⟶ _______ s

3 Halbiere die Zeitangaben.

$\frac{1}{2}$ min ⟶ _______ s

120 s ⟶ _______ min

3 min 20 s ⟶ _______ s

$1\frac{1}{2}$ min ⟶ _______ s

4 Ordne der Größe nach.

| 380 s | 3 min 8 s | 38 min | 8 min 30 s |

_______ < _______ < _______ < _______

5 Ordne der Größe nach.

| 10 min | 100 s | 1 h 1 min | 1 000 s |

_______ > _______ > _______ > _______

6 Wie viel Zeit ist es zusammen?

$\frac{3}{4}$ min und 2 min 50 s:

____

360 s und $1\frac{1}{4}$ min:

____

75 s und $1\frac{3}{4}$ min:

____

7 Ergänze.

1 min	
47 s	
12 s	
8 s	
$\frac{1}{4}$ min	
59 s	
$\frac{3}{4}$ min	

8 Ergänze.

$\frac{1}{2}$ min	
23 s	
$\frac{1}{4}$ min	
8 s	
17 s	
30 s	
1 s	

① Wie viele Sekunden sind vergangen? Wie viele Sekunden vergehen noch bis zu einer vollen Minute?

Vergangen:	30 s	_____ s	_____ s	_____ s	_____ s	_____ s
Es vergehen noch:	30 s	_____ s	_____ s	_____ s	_____ s	_____ s

②

Wie viele Sekunden sind es?

9 min = _____ s   1 min 5 s = _____ s

4 min = _____ s   8 min 20 s = _____ s

6 min = _____ s   2 min 45 s = _____ s

③

Wie viele Minuten und Sekunden sind es?

130 s = __________

260 s = __________

333 s = __________

④

Wie viele Stunden und Minuten sind es?

160 min = __________

280 min = __________

350 min = __________

⑤ Immer eine $\frac{1}{4}$ h später:

3.40 Uhr ⟶ _______ Uhr

17.13 Uhr ⟶ _______ Uhr

22.58 Uhr ⟶ _______ Uhr

⑥ Immer eine $\frac{3}{4}$ h früher:

14.15 Uhr ⟶ _______ Uhr

9.52 Uhr ⟶ _______ Uhr

0.25 Uhr ⟶ _______ Uhr

⑦ Immer 1$\frac{1}{2}$ h später:

8.45 Uhr ⟶ _______ Uhr

20.37 Uhr ⟶ _______ Uhr

23.12 Uhr ⟶ _______ Uhr

①

$35 : 7 = \underline{\hphantom{000}}$

$350 : 70 = \underline{\hphantom{000}}$

$350 : 7 = \underline{\hphantom{000}}$

$357 : 7 = \underline{\hphantom{000}}$

②

$42 : 6 = \underline{\hphantom{000}}$

$420 : 60 = \underline{\hphantom{000}}$

$420 : 6 = \underline{\hphantom{000}}$

$432 : 6 = \underline{\hphantom{000}}$

③

$18 : 3 = \underline{\hphantom{000}}$

$180 : 30 = \underline{\hphantom{000}}$

$180 : 3 = \underline{\hphantom{000}}$

$201 : 3 = \underline{\hphantom{000}}$

④

$28 : 4 = \underline{\hphantom{000}}$

$280 : 40 = \underline{\hphantom{000}}$

$280 : 4 = \underline{\hphantom{000}}$

$292 : 4 = \underline{\hphantom{000}}$

⑤

$63 : 9 = \underline{\hphantom{000}}$

$630 : 90 = \underline{\hphantom{000}}$

$630 : 9 = \underline{\hphantom{000}}$

$666 : 9 = \underline{\hphantom{000}}$

⑥ $4 \cdot 38 =$

⑦ $6 \cdot 45 =$

⑧ $3 \cdot 71 =$

⑨ $56 \cdot 8 =$

⑩ $67 \cdot 7 =$

⑪ $584 + \underline{\hphantom{0000}} = 630$

16, 30, 46

$749 + \underline{\hphantom{0000}} = 880$

$583 + \underline{\hphantom{0000}} = 675$

⑫ $518 - \underline{\hphantom{0000}} = 420$

$659 - \underline{\hphantom{0000}} = 580$

$370 - \underline{\hphantom{0000}} = 252$

⑬ $237 + \underline{\hphantom{0000}} = 360$

$108 + \underline{\hphantom{0000}} = 250$

$704 - \underline{\hphantom{0000}} = 636$

① Ich denke mir eine Zahl, dividiere sie durch 7, multipliziere mit 4, dividiere durch 80, multipliziere mit 60, dividiere zum Schluss noch durch 90 und erhalte 2.

② Ich denke mir eine Zahl, multipliziere sie mit 80, addiere 150, dividiere durch 90, multipliziere mit 60 und subtrahiere zum Schluss 280. Ich erhalte dann 140.

③	④	⑤	⑥
3 · 9 = _____	7 · 4 = _____	6 · 5 = _____	8 · 3 = _____
3 · 90 = _____	7 · 14 = _____	60 · 5 = _____	18 · 3 = _____
3 · 19 = _____	7 · 40 = _____	66 · 5 = _____	80 · 3 = _____
3 · 99 = _____	7 · 44 = _____	106 · 5 = _____	88 · 3 = _____
3 · 109 = _____	7 · 114 = _____	166 · 5 = _____	118 · 3 = _____

①

−	6	70	280	9	40	160
564						
807						
315						
623						
452						

②

③

:	4
400	
404	
416	
424	
428	
436	
440	

④

:	7
700	
714	
721	
735	
742	
756	
763	

⑤

:	9
900	
909	
927	
945	
954	
981	
999	

⑥ Ergänze symmetrisch.

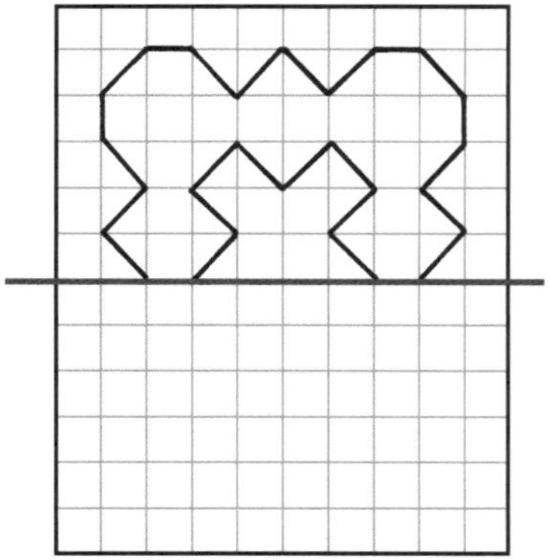

①

+	8	18	218
192			
234			
378			
460			
549			
607			
751			
808			

② 46 : 6 = _______ K: _______________

84 : 9 = _______ K: _______________

29 : 5 = _______ K: _______________

38 : 8 = _______ K: _______________

53 : 7 = _______ K: _______________

65 : 9 = _______ K: _______________

17 : 3 = _______ K: _______________

③ 86 : 6 = _______

④ 93 : 5 = _______

⑤ 108 : 8 = _______

Aufgepasst! Finde die Regel.

⑥

3		6
12		96

⑦

	170	
230		
140		50

⑧

60		5
15	3	

⑨

	95	160
140		
	180	

1

·	8	18	80	88	108	118
9						
6						
3						
0						
2						
4						
8						
10						
1						
7						
5						

2

3

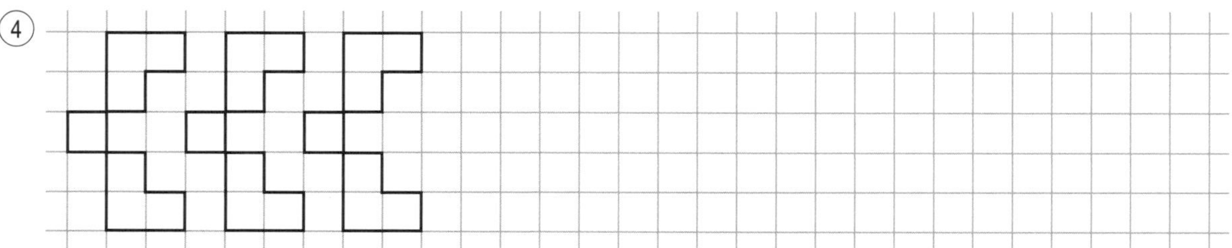

4

Finde den Lösungssatz.

A	B	C	D	E	H	I	L	M	N	O	R	S	T	U	Ü	W
12	24	36	48	60	72	84	96	108	120	132	144	156	168	180	192	204

① $6 \cdot 8 =$ _____

② $60 : 5 =$ _____

③ $98 + 58 =$ _____

④ $108 : 9 =$ _____

⑤ $236 - 68 =$ _____

⑥ $22 \cdot 6 =$ _____

⑦ $39 + 69 =$ _____

⑧ _____ $: 6 = 14$

⑨ $30 \cdot 6 =$ _____

⑩ $465 - 357 =$ _____

⑪ $120 : 5 =$ _____

⑫ $540 : 9 =$ _____

⑬ $4 \cdot 51 =$ _____

⑭ $45 \cdot 4 =$ _____

⑮ $3 \cdot 40 =$ _____

⑯ $112 - 64 =$ _____

⑰ $4 \cdot 15 =$ _____

⑱ $57 + 87 =$ _____

⑲ $12 \cdot 5 =$ _____

⑳ $350 - 266 =$ _____

㉑ $180 : 5 =$ _____

㉒ $18 \cdot 4 =$ _____

㉓ $35 + 49 =$ _____

㉔ $15 \cdot 8 =$ _____

㉕ $168 : 7 =$ _____

㉖ $360 - 216 =$ _____

㉗ $97 + 95 =$ _____

㉘ $52 \cdot 3 =$ _____

㉙ $945 - 789 =$ _____

㉚ _____ $: 3 = 20$

㉛ $4 \cdot 24 =$ _____

①	②	③		④	⑤	⑥	⑦	⑧	⑨	⑩		⑪	⑫	⑬	⑭	⑮	⑯	⑰	⑱	⑲

⑳	㉑	㉒		㉓	㉔		㉕	㉖	㉗	㉘	㉙	㉚	㉛
													.

①

·	2	4	5	7	9
3					
14					
60					

②

:	3	6	8	5	10
24					
35					
48					

③ Setze ein: >, <, =.

3 min 40 s ◯ 210 s

4 kg 705 g ◯ 4 750 g

641 ct ◯ 6 € 41 ct

30 mm ◯ 30 cm

0,95 m ◯ 950 mm

7,600 km ◯ 7 069 m

④

317 + 83 + _____ = 720

625 − 75 − _____ = 350

585 + 60 + _____ = 800

405 − 55 − _____ = 200

260 + _____ + 30 = 410

735 − _____ − 40 = 595

⑤

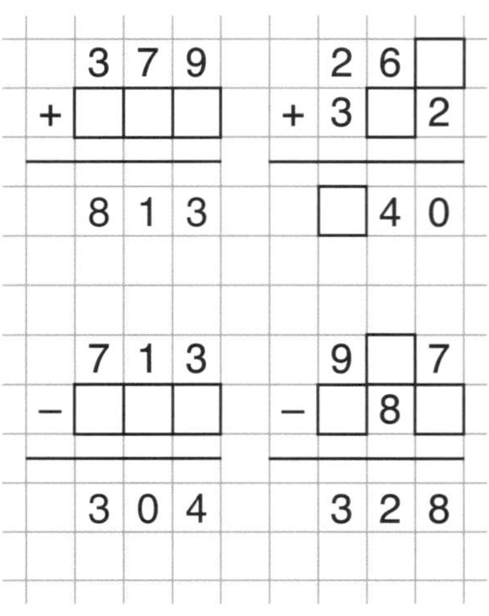

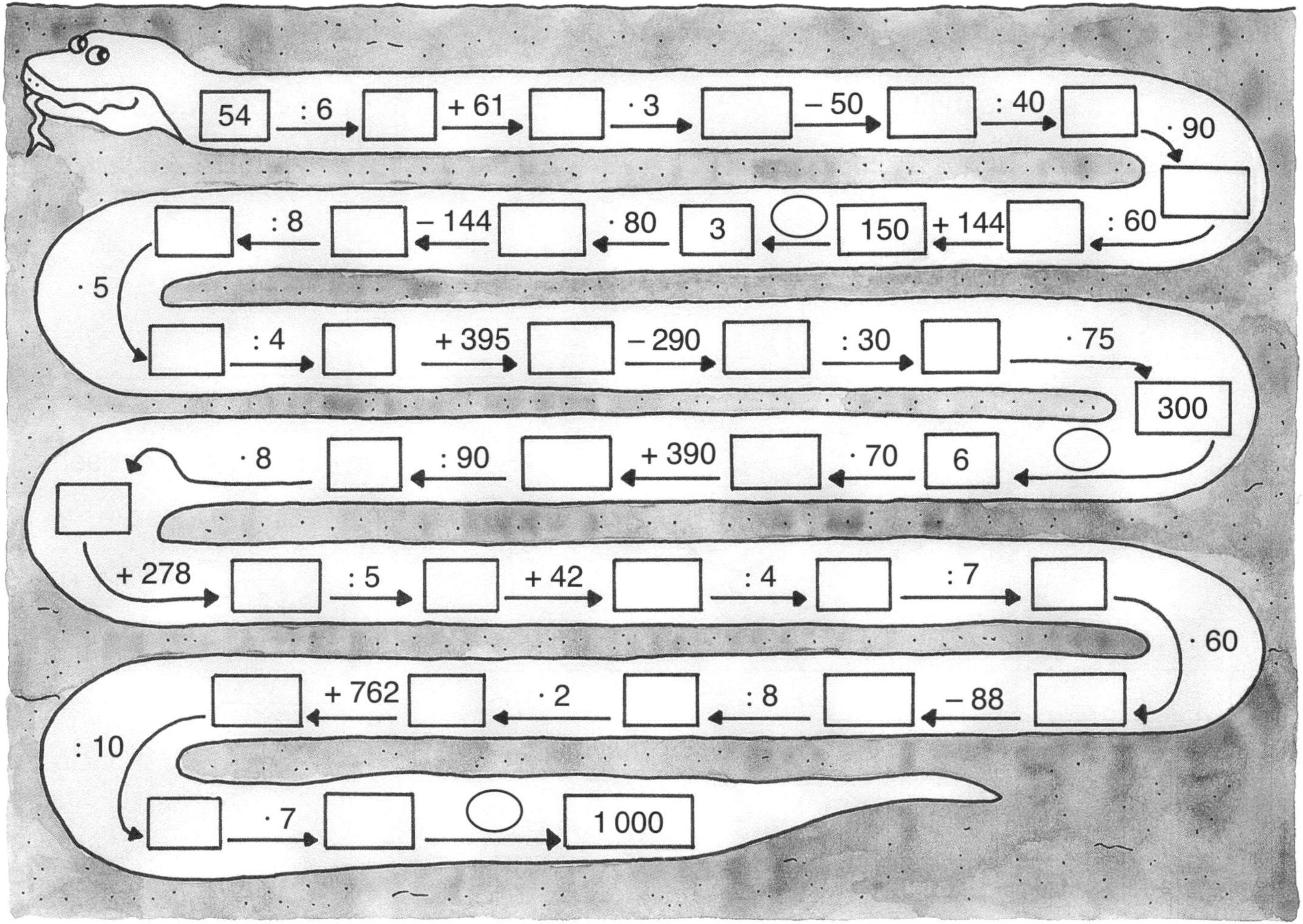

54 → : 6 → □ → + 61 → □ → · 3 → □ → − 50 → □ → : 40 → □ → · 90 → □ → : 60 → □ → + 144 → 150 → ○ → 3 → · 80 → □ → − 144 → □ → : 8 → □ → · 5 → □ → : 4 → □ → + 395 → □ → − 290 → □ → : 30 → □ → · 75 → 300 → ○ → 6 → · 70 → □ → + 390 → □ → : 90 → □ → · 8 → □ → + 278 → □ → : 5 → □ → + 42 → □ → : 4 → □ → : 7 → □ → · 60 → □ → − 88 → □ → : 8 → □ → · 2 → □ → + 762 → □ → : 10 → □ → · 7 → □ → ○ → 1 000

Trage die fehlenden Zahlen ein und zeichne die Pfeile.

① 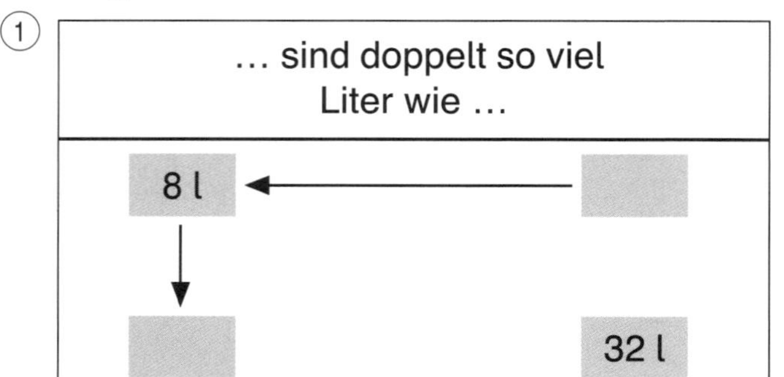

② 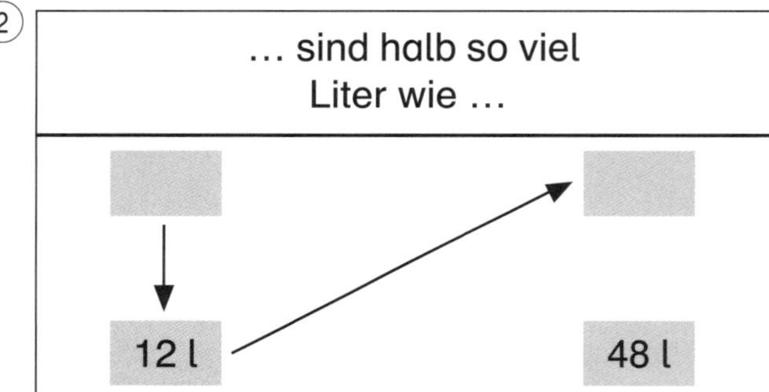

③

:	2	5	3	8	4	7	9
14							
46							
38							
54							
28							

④ In der Versteckfigur sehe

ich _______ Dreiecke,

_______ Quadrate

und _______ Rechtecke.

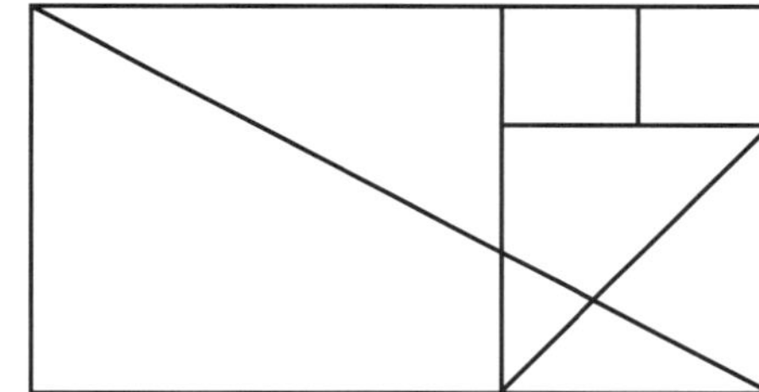

1 

2 **3** 

4

·	8
3	
13	
30	
33	
300	
303	
313	
333	

5

:	6
600	
618	
606	
666	
630	
654	
642	
612	

6 Ich denke mir eine Zahl. Sie gehört zur 15er-Reihe und zur 20er-Reihe. Es ist die Zahl ______.

7 Ich denke mir eine Zahl. Sie liegt zwischen 80 und 90 und gehört zur 17er-Reihe. Es ist die Zahl ______.

8 Ich denke mir eine Zahl. Sie ist kleiner als 200, größer als 180 und gehört zur 19er-Reihe. Es ist die Zahl ______.

① Fülle das unten stehende Quadrat mit den Buchstaben M A T H so aus, dass:

▶ diese Buchstaben in jeder Reihe vorkommen,

▶ jeder Buchstabe nur einmal pro Spalte vorkommt und auch nur einmal in jeder Diagonale.

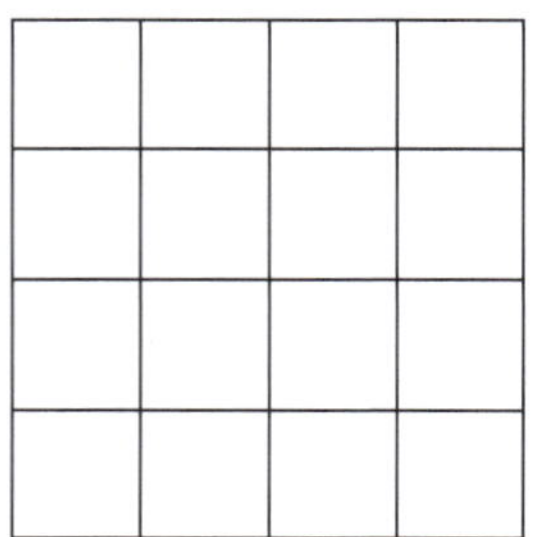

② Der folgende Würfel hat auf drei seiner Flächen die Buchstaben M, A und T. Im dazugehörenden Würfelnetz ist der Buchstabe M schon eingetragen.

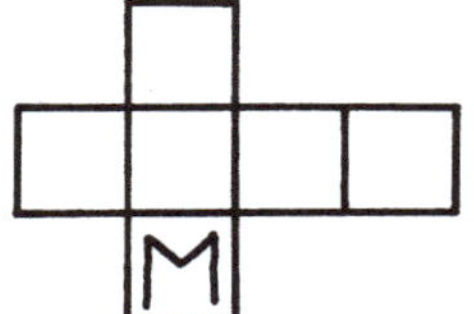

Trage die Buchstaben A und T an die richtige Stelle im Würfelnetz ein. Achte auf die Schreibrichtung der Buchstaben.

③ Mathias, Mathilde, Matthäus und Mathurine sind vier Freunde. Zwei von ihnen sind Jungen. Zwei sind blond und die anderen haben braunes Haar. Zwei tragen eine Brille und die anderen zwei keine. In der Tabelle sind keine Spalten gleich. Vervollständige die Tabelle.

Vorname	Mathilde	Mathurine	Mathias	Matthäus
Geschlecht	Mädchen	Mädchen	Junge	Junge
Haare	braun		blond	blond
Brille		nein		ja